LOCKE

COLEÇÃO
FIGURAS DO SABER

dirigida por
Richard Zrehen

Títulos publicados
1. *Kierkegaard*, de Charles Le Blanc
2. *Nietzsche*, de Richard Beardsworth
3. *Deleuze*, de Alberto Gualandi
4. *Maimônides*, de Gérard Haddad
5. *Espinosa*, de André Scala
6. *Foucault*, de Pierre Billouet
7. *Darwin*, de Charles Lenay
8. *Wittgenstein*, de François Schmitz
9. *Kant*, de Denis Thouard
10. *Locke*, de Alexis Tadié
11. *D'Alembert*, de Michel Paty
12. *Hegel*, de Benoît Timmermans

LOCKE
ALEXIS TADIÉ

Tradução
José Oscar de Almeida Marques
Universidade Estadual de Campinas

Estação Liberdade

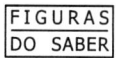
FIGURAS DO SABER

Título original francês: *Locke*
© Societé d'Édition Les Belles Lettres, 2000
© Editora Estação Liberdade, 2005, para esta tradução

Preparação de texto Tulio Kawata
Revisão Antonio Orzari
Projeto gráfico Edilberto Fernando Verza
Composição Nobuca Rachi
Assistência editorial Flávia Moino
Capa Natanael Longo de Oliveira
Editor responsável Angel Bojadsen

CIP-BRASIL – CATALOGAÇÃO NA FONTE
Sindicato Nacional dos Editores de Livros, RJ

T129L

Tadié, Alexis, 1963-
 Locke / Alexis Tadié ; tradução José Oscar de Almeida Marques. — São Paulo : Estação Liberdade, 2005
 208p. — (Figuras do saber ; 10)

 Tradução de: Locke
 Inclui bibliografia
 ISBN 85-7448-101-7

 1. Locke, John, 1632-1704. 2. Filosofia inglesa – Século XVII. 3. Teoria do conhecimento. I. Título.

04.2857.   CDD 192
                                                       CDU 1(42)

Todos os direitos reservados à

Editora Estação Liberdade Ltda.
Rua Dona Elisa, 116   01155-030   São Paulo-SP
Tel.: (11) 3661-2881   Fax: (11) 3825-4239
editora@estacaoliberdade.com.br
http://www.estacaoliberdade.com.br

À memória de Sélim Barakat

Sumário

Nota do tradutor 11

Quadro cronológico 13

Introdução 17
   O projeto lockeano 22
   *Os limites de nosso conhecimento e
   da natureza humana* 27

1. O governo civil 31
   *A reputação de Locke e o problema da
   interpretação* 31
   A refutação a Filmer e a questão da autoridade 39
   *A lei natural e as origens da sociedade civil:
   o contrato* 49
   A propriedade 58
   A teoria do governo e da sociedade civil 65
   Interpretar o pensamento político de Locke 74

2. A tolerância 81

3. As idéias 91
   Refutação do inatismo 92
   As idéias simples 95

As idéias complexas	100
As idéias abstratas	104
As idéias como imagens	109
As idéias como objetos do pensamento	113
4. A substância	119
A teoria corpuscular e o mecanicismo	120
As essências	124
A substância	126
A interpretação da substância	132
Conclusão	137
5. O conhecimento	139
As divisões do conhecimento: os graus	140
As divisões do conhecimento: os tipos	144
As divisões do conhecimento: a memória	147
Os limites do conhecimento	148
Conhecimento e crença	156
O empirismo lockeano	161
6. A identidade	163
A identidade das coisas	164
A identidade pessoal	169
7. A linguagem	179
A linguagem e o pensamento	181
A linguagem e o saber	188
A interpretação da filosofia da linguagem de Locke	192
Conclusão	199
Bibliografia	203
Principais obras de John Locke	203
Artigos e obras sobre John Locke	203

Nota do tradutor

Todas as traduções das citações de Locke foram feitas a partir dos textos originais em inglês, e não a partir das traduções francesas utilizadas por Alexis Tadié, embora eu tenha adotado, quando pareceu conveniente, algumas soluções propostas nessas traduções, especialmente no caso do *Ensaio*, cuja clássica tradução para o francês, de Pierre Coste (1700), foi revisada pelo próprio Locke.

As passagens do *Ensaio sobre o entendimento humano* estão referidas na forma usual, indicando-se livro, capítulo e parágrafo. Assim, (II.11.17) representa livro II, capítulo 11, parágrafo 17. Quanto aos *Tratados sobre o governo civil*, estão referidos na forma 1T12 (primeiro tratado, parágrafo 12) ou 2T77 (segundo tratado, parágrafo 77). Essa notação permite ao leitor localizar com facilidade as passagens citadas qualquer que seja a edição ou tradução que estiver utilizando. Para a *Carta sobre a tolerância*, na falta de uma convenção mais amplamente utilizada, optei por referir-me às páginas do volume 35 da coleção Great Books of the Western World da Encyclopaedia Britannica.

Quadro cronológico

1632	Nascimento de John Locke em Wrington, Somerset; nascimento de Espinosa.
1637	Publicação do *Discurso sobre o método,* de Descartes.
1641	Publicação das *Meditações metafísicas,* de Descartes.
1646	Nascimento de Leibniz.
1647	Locke ingressa na escola de Westminster. Pascal publica *Novas experiências relativas ao vácuo.*
1649	Execução do rei inglês Carlos I.
1650	Morte de Descartes.
1651	Hobbes publica o *Leviatã.*
1652	Locke ingressa no Christ Church College, em Oxford, onde estuda retórica, gramática, lógica, filosofia moral, geometria e grego. Torna-se professor e se forma em medicina, ocupação que jamais exercerá; liga-se a Boyle, também em Oxford, de 1654 a 1668.
1655	Morte de Gassendi.
1659	Morte de Cromwell.
1660	A Restauração: Carlos II assume o trono inglês.
1660-2	Locke redige os *Dois panfletos sobre o governo* (*Two Tracts on Government*).

1662	Publicação da *Lógica de Port-Royal*, de Arnauld e Nicole.
1662	Morte de Pascal.
1666	Boyle publica *As origens das formas e qualidades de acordo com a filosofia corpuscular*, em que expõe os princípios da teoria corpuscular.
1666	Locke encontra lorde Ashley, futuro duque de Shaftesbury, de quem se torna secretário e médico no ano seguinte.
1668	Locke se torna membro da Royal Society, que defende a "nova filosofia" fundada sobre a filosofia natural e a aplicação da matemática aos fenômenos naturais.
1673	Locke é nomeado secretário do Conselho de Comércio e Plantações (até 1675); Leibniz é eleito membro da Royal Society.
1674	Publicação de *Da busca da verdade*, de Malebranche.
1677	Estadia de Locke em Paris (até 1678), onde se familiariza com a filosofia da época. Conversão do futuro Jaime II ao catolicismo; início da crise da "Exclusão", com a tentativa de excluir Jaime da sucessão de Carlos II, em razão de seu catolicismo. Morte de Espinosa.
1679	Morte de Hobbes.
1681	Prisão de Shaftesbury, exilado na Holanda após 1682.
1683	Locke reúne-se a Shaftesbury na Holanda. Morte de Shaftesbury.
1685	Jaime II sucede a Carlos II; revogação do Édito de Nantes por Luís XIV na França; nascimento de Berkeley.
1688	A Revolução Gloriosa. Subida de Guilherme de Orange ao trono da Inglaterra. Locke retorna à Inglaterra.

1689-90 Publicação da *Carta sobre a tolerância*, dos *Dois tratados sobre o governo civil* (sem nome de autor) e do *Ensaio sobre o entendimento humano*.
1693   Publicação de *Alguns pensamentos referentes à educação*.
1695   Publicação de *A racionalidade do cristianismo*.
1703   Início da redação dos *Novos ensaios sobre o entendimento humano*, de Leibniz.
1704   Morte de Locke.

Fonte: Richard Aaron, *John Locke*, Oxford, Oxford University Press, 1971.

Introdução

Na época em que a Europa era uma realidade intelectual, a fama de Locke era incomparável dos dois lados da Mancha. Voltaire, seu paladino, Diderot, que nele se inspirou, Condillac[1], que o leu com atenção e o transformou, os enciclopedistas, que a ele sempre retornavam, Rousseau, que lhe fez eco, para não citar senão os maiores, viam na filosofia de Locke uma contribuição decisiva para o avanço do pensamento. Em sua "Carta sobre o sr. Locke", Voltaire recapitula a história da filosofia de Anaxágoras a Malebranche[2] e opõe este último a Locke:

> Após tantos raciocinadores terem feito o romance da alma, um sábio surgiu que lhe fez simplesmente a história. Locke desenvolveu no homem a razão humana da maneira como um excelente anatomista explica as molas do corpo humano. Ele se vale em toda parte da chama da física, ousa algumas vezes falar afirmativamente, mas ousa também duvidar; e em vez de definir de um só golpe

---

1. Etienne Bonnot de Condillac (1715-80) é o autor notadamente do *Ensaio sobre a origem dos conhecimentos humanos* (1749) e do *Tratado das sensações* (1755).
2. Anaxágoras (500-428 a. C.). Nicolas Malebranche (1630-1715) publicou *Da busca da verdade* em 1674.

o que não conhecemos, examina gradualmente o que queremos conhecer.³

Os *philosophes* leram o *Ensaio sobre o entendimento humano* no original, mas também em francês: a tradução de Pierre Coste apareceu em 1700, tendo Locke supervisionado certas passagens. Essa primeira tradução – que foi também a última – difundiu-se por toda a Europa, e serviu de referência tanto na Alemanha como na França e Itália, juntamente com a tradução latina publicada em 1701. Foi também esse texto francês que Leibniz tomou como base de seu estudo e para a redação dos *Novos ensaios sobre o entendimento humano*.

Há, portanto, um Locke francês. Ele foi discutido, admirado, refutado e defendido durante todo o século XVIII. A filosofia, mas também a estética e a teoria da linguagem, o pensamento político e certas discussões religiosas, enfim, toda a cultura se tornou lockeana. Ele estabeleceu os termos do debate. Depois, porém, o século XIX queimou aquilo que o século precedente havia adorado. Acusamno de ter pretendido subverter a religião, de ter degradado o espírito, de ser um mecanicista. Ele é o inspirador dos enciclopedistas, responsáveis pela Revolução.

---

3. Voltaire, *Cartas filosóficas* (1734). Ed. francesa em *Mélanges*, ed. J. van den Heuvel, Paris, Gallimard, p. 38 (Bibliothèque de la Pléiade). Veja-se também o verbete "Locke" do *Dicionário filosófico*. Durante toda sua vida Voltaire reafirma a importância do "sábio Locke", como o chamou todo o século XVIII, e opõe-no sem cessar ao resto da filosofia, que seria a província dos retóricos. Em uma saborosa carta ele escreve, por exemplo, "é preciso admitir, meu caro abade, que qualquer um que tenha lido Loke [sic], ou antes, que seja um Loke para si mesmo, não verá nos Platões mais que palradores. Confesso que em assuntos de filosofia um capítulo de Loke ou de Clark é, em comparação com a tagarelice da Antigüidade, aquilo que a *Ótica* de Newton é em relação à de Descartes". Voltaire, *Correspondance choisie*, seleção, apresentação e notas de J. Hellegouarc'h, Paris, p. 87 (Le Livre de Poche).

Joseph de Maistre proclamou que a sabedoria filosófica começa com o desprezo por Locke.[4] Victor Cousin[5] consagrou em 1829 quase a metade de seu curso de história da filosofia a Locke, e nele reabilitou Descartes, cujo inatismo correspondia melhor ao espírito da religião. Cousin atacou o pretenso sensualismo de Locke, contrário ao reinado da razão, e deformou o pensamento do *Ensaio* até torná-lo quase irreconhecível.[6] E, depois, mais nada. O *Ensaio* não se beneficiaria jamais de uma nova tradução. Seu pensamento foi examinado apenas de passagem, demorando-se um pouco mais sobre sua teoria política, mas os comentários a Locke em francês foram pouco numerosos. Alguns trabalhos importantes sobre seu pensamento político, e alguns livros muito isolados tentaram retomar a discussão sobre sua filosofia (ver a Bibliografia).

Na Grã-Bretanha, paradoxalmente, a situação não foi nada melhor. No século XVIII houve certamente Berkeley e Hume[7] que releram Locke e se definiram em parte em relação a ele; todo pensamento crítico desse século fez-lhe igualmente referência; a cultura européia era lockeana. Mas na virada do século sua reputação tornou-se semelhante à que gozava na França. Se ele foi mais discutido do que na França, e muito mais reeditado, foi pouco estudado com precisão.

---

4. Joseph de Maistre (1753-1821) expôs sua concepção de história notadamente nas *Noites de São Petersburgo* (1821); citado por Hans Aarsleff, "Locke's Influence", em *The Cambridge Companion to Locke*, Vere Chappel (ed.), Cambridge, Cambridge University Press, 1994, p. 279.
5. Victor Cousin (1792-1867) publicou os *Fragmentos da filosofia* em 1826, e o *Curso de história da filosofia* em 1829.
6. Hans Aarsleff, *From Locke to Saussure: Essays on the Study of Language and Intellectual History*, Minneapolis, University of Minnesota Press, 1982, p. 130.
7. George Berkeley (1685-1753) trouxe à luz seu *Tratado sobre os princípios do conhecimento* em 1710. O *Tratado da natureza humana* de David Hume (1711-76) apareceu em 1737.

O século XIX principiou atacando-o. Foi Coleridge, por exemplo, que o associou a Hobbes[8] e a Hume, espezinhando os três pensadores. De maneira geral, o pensamento de Locke era relacionado ao de Hobbes: falta de originalidade e materialismo são os dois graves pecados do filósofo. Algumas vozes discordantes fizeram-se ouvir, mas não bastaram para reverter a tendência. A publicação do *Curso* de Cousin foi a martelada que cravou mais fundo o prego: seu texto passou a acompanhar o *Ensaio* no programa das universidades. E os debates começaram a girar em torno de ataques e defesas de Locke, sem que seu pensamento fosse verdadeiramente discutido.

Foi só a partir da segunda metade do século XIX que começaram a aparecer alguns estudos de teor não polêmico. Mas seria preciso esperar até a década de 1950 para que se retomasse o trabalho sobre a filosofia de Locke, na edição de seus tratados, e para que a reflexão filosófica voltasse os olhos novamente para o conjunto de seus textos.[9]

Desde então, trabalhos fundamentais sobre Locke vieram a público: as obras de Yolton, a controversa interpretação de Bennett, o belo ensaio de Mackie sobre a filosofia lockeana, e, sobretudo, o grande comentário de Ayers, que situa Locke em todos os debates filosóficos, de sua época e da nossa.[10] A filosofia política dá igualmente testemunho de uma grande vitalidade na interpretação, representada notadamente pelo trabalho dos filósofos marxistas,

---

8. Samuel Taylor Coleridge (1772-1834) foi não apenas um poeta, mas um importante crítico e filósofo. Thomas Hobbes (1588-1679) é conhecido sobretudo por seu *Leviatã* (1651).

9. Para a recepção de Locke, ver o artigo e a obra de H. Aarsleff já mencionados.

10. Minha dívida para com essa interpretação de Locke, bem como para com outros comentários, aparecerá claramente. Para mais detalhes sobre as interpretações de Locke, veja a Bibliografia.

dos politólogos que seguem a interpretação de Dunn, e sobretudo por Ashcraft.

Esta história contrastada da recepção daquele que continua sendo um dos maiores pensadores da filosofia ocidental, seja por seu pensamento político, seja por sua epistemologia, continua a nos impressionar. As suspeitas de materialismo beiram as acusações de ateísmo, o desdém pelo empirismo se alia à defesa do inatismo; o idealismo alemão e o renascimento de Descartes desferiram-lhe um golpe fatal.

É que Locke foi freqüentemente lido através daqueles que o interpretaram, suas posições foram refutadas com base nos textos que as comentavam. Seu empirismo, por exemplo, deduziu-se mais da leitura de Berkeley e Hume do que de seus próprios textos. Locke jamais foi ateu, ainda que pareça atacar a religião institucional. Seu materialismo, não menos que seu ceticismo, não são absolutos. De fato, como mostraram recentes estudos, sua filosofia é em um sentido empírica, mas também realista.[11] Locke crê na existência de um mundo exterior, que podemos parcialmente conhecer, mas ao mesmo tempo permanece cético com relação a nossa capacidade de adquirir sobre esse mundo um conhecimento certo, tanto em matéria de religião como de ciência. A opinião de Voltaire parece, portanto, mais segura que a dos numerosos comentadores que o sucederam.

---

11. Ver Nicholas Jolley, *Locke: His Philosophical Thought*, Oxford, Oxford University Press, 1999, p. 1-5. Nicholas Jolley explica que, quando se deixa de considerar Locke com o auxílio dos instrumentos de análise do idealismo alemão, pode-se libertá-lo da tutela imposta por Hume e Berkeley. Locke jamais pretendeu fundar uma escola empirista; ao contrário, é a ciência de sua época, notadamente a doutrina corpuscular, que permite melhor compreender seu pensamento. Além disso, a consideração da questão da religião e da moral permite atingir, segundo Jolley, um conhecimento mais seguro do projeto lockeano.

O projeto lockeano

Qual é o projeto de Locke? O prefácio do *Ensaio sobre o entendimento humano* permite apreender seus traços essenciais. Locke começa explicando que o entendimento humano e seu anseio pelo conhecimento são seus assuntos principais. Nessa atividade, o intelecto não deve deter-se nas opiniões recebidas, mas descobrir por si mesmo o caminho da verdade:

> Assim, aquele que, erguendo-se acima do cesto de esmolas e não aceitando viver indolentemente das migalhas das opiniões colhidas ao acaso, põe seus próprios pensamentos em ação para descobrir e seguir a verdade, não deixará de experimentar a satisfação dessa caça, seja o que for que venha a encontrar. (Prefácio)

O reexame das doutrinas filosóficas passadas tem um papel essencial nessa busca. Na modesta tarefa que estabelece para a filosofia, Locke busca o auxílio do que Voltaire denominou "a chama da física":

> Terei sempre a satisfação de ter buscado sinceramente a verdade e a utilidade, ainda que por um dos meios mais humildes. A comunidade dos sábios não está presentemente desprovida de grandes arquitetos, cujos poderosos desígnios para o avanço das ciências deixarão duradouros monumentos para a admiração da posteridade, mas nem todos podem esperar ser um *Boyle* ou um *Sydenham*.[12] E, em uma época que produziu mestres

---

12. O químico e físico Robert Boyle (1627-91), célebre especialmente por ter inventado a bomba de ar, que permitiu pôr em evidência o vácuo, definiu sua teoria dos corpos simples especialmente em *The Sceptical Chymist* (1661). Thomas Sydenham (1624-89) é conhecido sobretudo por seus trabalhos no domínio da medicina.

> tais como o grande *Huygenius*[13] e o incomparável sr. *Newton*, juntamente com alguns outros da mesma estirpe, já é uma grande ambição estar empregado como um simples trabalhador para limpar um pouco o terreno e remover uma parte do entulho que atravanca o caminho do conhecimento, o qual estaria certamente muito mais avançado no mundo se os esforços de homens engenhosos e diligentes não tivessem sido tão estorvados pelo uso erudito mas frívolo de termos bárbaros, afetados e ininteligíveis que se introduziram na ciência e lá se tornaram uma arte, a tal ponto que a filosofia, que não é senão o verdadeiro conhecimento das coisas, foi considerada indigna ou incapaz de ser admitida à companhia de pessoas bem-educadas e à conversação polida. (Prefácio)

Esta célebre passagem estabelece claramente o papel que Locke atribui à filosofia. Mesmo tendo por objetivo a busca da verdade, ela não pode pretender o mesmo estatuto das ciências. À época de Locke, a física conheceu importantes reviravoltas, e Boyle, de um lado, Newton, de outro, são para o autor referências essenciais. Em especial, a teoria corpuscular de Boyle é aceita por Locke como a hipótese mais inteligível para dar conta dos fenômenos físicos. A filosofia desobstrui o caminho do conhecimento; ela tem como função crítica desembaraçar a busca da verdade das opiniões apressadamente recebidas e refutar as teorias pouco argumentadas, permitindo com isso fundar o conhecimento em novas bases. Nessa empreitada, a crítica da linguagem e a reforma do vocabulário, bem como o reexame dos conceitos, são momentos essenciais. É por essa razão que Locke

---

13. Christiaan Huygens (1629-95), físico e matemático holandês, responsável, em particular, pela primeira exposição completa do cálculo de probabilidades.

consagra todo o livro III do *Ensaio* à questão do uso das palavras, e isso antes do último livro, que trata do conhecimento. Para entender plenamente o conhecimento, parece dizer Locke, é preciso ter depurado a linguagem ou compreendido as razões de sua má utilização.

O primeiro capítulo precisa a natureza da investigação. Ao concentrar-se no entendimento, não em sua natureza, mas em seu funcionamento, Locke busca examinar a certeza como os limites possíveis do conhecimento. Nenhum conhecimento pode aspirar à universalidade, previne Locke, e é por isso que a separação entre o *saber* e a *opinião* constitui também assunto de seu tratado. Há uma parte incognoscível no mundo, que seria vão tentar penetrar, e a filosofia lockeana insiste sempre sobre o grau de conhecimento que podemos atingir. Esse saber é limitado, mas é suficiente para preencher nossos deveres morais, desde que façamos bom uso de nosso entendimento:

> Não teremos muita razão para queixar-nos da estreiteza de nossas mentes se as empregarmos naquilo que pode ser de utilidade para nós, pois disso elas são muito capazes [...] A vela que está em nós brilha o suficiente para todos os nossos propósitos, e devemos ficar satisfeitos com as descobertas que podemos fazer com auxílio dessa luz. (Introdução, 5)

Locke pretende prover uma fundação para o conhecimento mostrando o papel que podem desempenhar nossas faculdades em sua aquisição. As verdades filosóficas são difíceis de alcançar sem um trabalho do entendimento; são também modestas, pois não esclarecem a natureza do mundo em sua totalidade, mas são ao mesmo tempo essenciais porque, no domínio que lhes é atribuído, permitem que ampliemos nosso conhecimento do mundo. A filosofia examina o conhecimento dentro dos limites do entendimento; essa tomada de consciência da extensão de nossas faculdades permite então dar por encerrados certos debates e não defender como verdade assegurada posições que são apenas opiniões (Introdução, 6). O *Ensaio* valoriza nossas capacidades cognitivas, interroga seus limites e determina a extensão possível de nossos conhecimentos. Como expõe perfeitamente Jolley, para Locke,

> o *Ensaio* não é um tratado de ética ou dedicado à religião revelada, mas tenta acima de tudo examinar nossa capacidade de conhecer [...]; em certo sentido, é nossa mente e suas capacidades cognitivas que constituem o objeto do *Ensaio*, mais do que a ciência ou a moral.[14]

Assim, nossa natureza humana pode realizar-se plenamente, sob o olhar de Deus:

> Se pudermos descobrir as regras pelas quais uma criatura racional, posta na situação em que está o homem neste mundo, pode e deve dirigir suas opiniões e as ações que destas dependem, não precisaremos nos preocupar com o fato de que algumas outras coisas escapem ao nosso conhecimento. (Introdução, 6)

A filosofia deve fazer-se operária da ciência, mas ela também ajuda o homem a conduzir sua vida. A moral, ainda mais do que a ciência, é o objetivo da filosofia. Quando Locke explica, no decorrer do *Ensaio*, que só a matemática e a moral são suscetíveis de certeza, e que a física, por exemplo, permanece no domínio da conjetura, ele estabelece uma prioridade da natureza humana sobre o saber científico. É nesse sentido que os *Dois tratados sobre*

---

14. Jolley, op. cit., p. 17.

o governo civil dão continuidade ao empreendimento do *Ensaio*.

Portanto, se "a certeza e a extensão dos conhecimentos humanos, bem como os fundamentos e os graus de fé, opinião e assentimento que se pode ter em relação aos diversos objetos que se apresentam a nossa mente" formam o objetivo da empreitada lockeana, é porque sua investigação repousa em um exame de nossas capacidades individuais. Na origem do conhecimento está o indivíduo, e Locke mostra quais são os limites do conhecimento de cada um. Eis por que se pôde falar de individualismo metodológico. Como fundamento do *Ensaio*, assim como dos *Dois tratados*, Locke coloca o indivíduo; suas faculdades, seu entendimento, sua liberdade.

Ao mesmo tempo, o exame crítico dessas faculdades permite falar de um certo ceticismo lockeano. Locke não é cético no sentido de que duvidaria da existência do mundo exterior, mas questiona nossa capacidade de alcançar um conhecimento universal e total. Ele inaugura a função *crítica* da filosofia, que Kant tematizará por ela mesma, e, de fato, há um prenúncio do kantismo no projeto lockeano do exame de nosso entendimento e de delimitação da esfera de nossos conhecimentos.

Pode-se então acompanhar o parágrafo seguinte como um perfeito resumo do projeto lockeano, que procura conformar nosso conhecimento a nossas faculdades:

> Assim, os homens, quando estendem suas investigações para além de suas capacidades e deixam seus pensamentos vagarem naquelas profundezas onde não conseguem apoiar os pés com segurança, não é de admirar que levantem questões e multipliquem disputas que, ao não chegarem jamais a uma clara resolução, só servem para preservar e aumentar suas dúvidas, e levá-los por fim a um completo ceticismo. Ao passo que, se considerassem

adequadamente as capacidades de seus entendimentos, uma vez descoberta a extensão de nossos conhecimentos e revelado o horizonte que marca os limites entre as partes iluminadas e obscurecidas das coisas, entre o que é e o que não é compreensível por nós, os homens talvez concordassem com menos hesitação em confessar a ignorância em um campo, e empregar seus pensamentos e discurso com mais vantagem e satisfação no outro. (Introdução, 7)

Os limites de nosso conhecimento e da natureza humana

Na seqüência deste livro procurarei mostrar que a filosofia de Locke responde precisamente a essa exigência *crítica*. Em todas as partes em que afirma a extensão de nosso conhecimento e o alcance de nossas faculdades, Locke não deixa de assinalar seus limites. É nesse sentido que utilizarei ocasionalmente a expressão "ceticismo". O objetivo deste livro é, além disso, incentivar a leitura dos textos do filósofo inglês, reconduzir o leitor a suas grandes obras. Não procurei, portanto, fornecer uma versão completa e sistemática do pensamento de Locke[15], mas antes sugerir formas de revisitar seus escritos.

A exigência *crítica* da filosofia de Locke está, de outro lado, fundada no papel central desempenhado pelo indivíduo. A vertente política de seu pensamento coloca o indivíduo no cerne do sistema; é sobre ele que repousa a liberdade das sociedades, é ele que determina a natureza da propriedade, é ele que detém a liberdade religiosa e a tolerância. O mesmo vale para a parte epistemológica, em que o indivíduo, suas faculdades e seus limites determinam

---

15. É por isso que abordo pouco as questões ligadas à educação ou diretamente à religião (tais como podem aparecer, por exemplo, em *A racionalidade do cristianismo*).

a extensão possível do saber. Mas o exercício dessa liberdade está sempre colocado sob o olhar de Deus, cujo desígnio o indivíduo satisfaz conformando-se à lei natural. Sem ser religioso, o pensamento de Locke não pode ser concebido fora de um sistema sobre o qual Deus vela, pois é ele que deu ao homem suas faculdades. É ao exercício total dessas faculdades que Locke convida seus leitores.

A importância das questões colocadas pelo filósofo inglês não diminuiu ao longo dos séculos. De um lado, porque as questões técnicas e políticas de que ele tratou continuam sendo discutidas pela filosofia; por exemplo: Locke fixou os termos do debate e a forma de abordar os problemas ligados à identidade. De outro lado, porque as questões políticas que ele suscita sobre o lugar do indivíduo no seio da sociedade e seu papel diante do poder continuam essenciais. O pensamento de Locke é uma das fontes da problemática dos direitos do homem; é preciso, portanto, nos remetermos a ele para compreender tanto seu contexto histórico quanto suas implicações contemporâneas.

É por isso que escolhi começar abordando as questões políticas – elas são as mais familiares ao leitor moderno, são elas que tematizam propriamente o papel que cabe ao indivíduo, e é portanto pelo seu viés que é mais fácil apreender o individualismo epistemológico de Locke. Não há hierarquia no pensamento de Locke, a política não está submetida à epistemologia, nem a filosofia do conhecimento a seu pensamento sobre a sociedade civil; nenhum se deduz de outro. Todavia persiste uma unidade de método, uma forma de abordar os problemas, uma construção da liberdade do homem dentro do percurso crítico que reúne as diferentes vertentes desse pensamento em uma totalidade.[16]

---

16. É o domínio político que já havia aparecido a Yves Michaud como o mais adequado para irradiar-se por toda a obra. Cf. *Locke*, Paris, PUF, 1998 (reed.).

O primeiro capítulo versa, assim, sobre os *Dois tratados sobre o governo civil*, o segundo sobre a *Carta sobre a tolerância*, e os cinco últimos sobre o *Ensaio*.

No capítulo sobre a política, abordo simultaneamente os *Dois tratados*, bem como, em menor medida, os outros escritos políticos de Locke.[17] A idéia que fundamenta ao mesmo tempo sua refutação da doutrina absolutista encarnada por Filmer[18] e sua análise das origens e do fundamento da sociedade civil é a idéia da liberdade do homem. O capítulo seguinte, sobre a tolerância, está no centro da exposição. Todos os escritos de Locke tendem a essa defesa da tolerância, a esse discurso em prol das liberdades religiosas ou intelectuais, e é aí que se acha também o valor da filosofia de Locke: ao colocar o indivíduo no centro tanto de sua epistemologia como de sua política, Locke não defende um individualismo estreito mas afirma, ao contrário, toda a extensão da liberdade humana.

É a partir daí que se torna possível avaliar plenamente a originalidade de sua doutrina das idéias, que está na base de todo o *Ensaio*: essa doutrina conduz a uma refutação do inatismo e a uma compreensão dos mecanismos de aquisição de conhecimento (capítulo 3). Torna-se possível, em conseqüência, abordar os problemas ontológicos debatidos na teoria da substância (capítulo 4), nos quais se manifestam precisamente a extensão e os limites de nossas capacidades cognitivas. Pode-se então apreender plenamente o que distingue o conhecimento da opinião (capítulo 5). Esses três capítulos formam uma unidade, e revelam o alcance do ceticismo epistemológico e ontológico de Locke, a partir do qual se pode abordar a concepção lockeana da identidade (capítulo 6) que funda sua concepção da natureza

---

17. Esses outros escritos são importantes para apreender a evolução do pensamento de Locke.
18. Filmer (1588-1653), autor de *Patriarcha: or the Natural Power of Kings*.

humana, da pessoa, e se liga tanto ao conhecimento do mundo como à relação do homem com a vida eterna.

No último capítulo, examino as particularidades da filosofia da linguagem de Locke, cujas análises exerceram grande influência não somente no século XVIII mas até o romantismo[19], e que a filosofia contemporânea da linguagem continua interessada em discutir, com a condição de deixar de lado uma parte de suas propostas.

---

19. Hans Aarsleff, *From Locke to Saussure*..., op. cit., p. 372-81.

1
O governo civil

A reputação de Locke e o problema da interpretação

Quando Locke publicou anonimamente os *Dois tratados sobre o governo civil* em 1689, ele ofereceu aos leitores um pensamento político que, sem ser sistemático, surgia como completamente fundamentado e articulado. Do mesmo modo que no *Ensaio sobre o entendimento humano*, Locke esperou até que seu discurso estivesse amadurecido antes de dá-lo a público. Esse texto não representa apenas a essência da política de Locke; é também a culminação de um processo intelectual que evoluiu consideravelmente desde os *Dois panfletos sobre o governo* redigidos em 1660-62. Enquanto esses dois primeiros textos políticos de Locke estabeleciam que o primeiro dever do súdito é a obediência, Locke apresenta nos *Dois tratados* uma genuína teoria da desobediência civil. Os *Dois panfletos* mantinham que o magistrado ou o governo tinham o poder de dirimir as questões eclesiásticas; os *Dois tratados*, ao contrário, sugerem uma verdadeira separação das esferas política e religiosa, plenamente desenvolvida na *Carta sobre a tolerância*.[1] É necessário, portanto,

---

1. Redigida em 1685 e publicada na Inglaterra em 1689.

conceber os *Dois tratados sobre o governo civil* como o fim de uma reflexão cujas premissas se encontram em seus textos não publicados[2], e que se refinou ao contato da atualidade política.

Locke deixou a Universidade de Oxford em 1667 para juntar-se a lorde Ashley, futuro duque de Shaftesbury, que ocupava então o cargo de ministro das Finanças de Carlos II. Privando de seu círculo mais íntimo, Locke preparava relatórios e textos de ocasião, debruçando-se sobre diversos problemas políticos, morais e econômicos – por exemplo, sobre as conseqüências de uma diminuição da taxa de juros[3] –, e pode-se supor que a redação dessas notas destinadas a Shaftesbury tenha contribuído para aguçar seu pensamento político. Secretário para os proprietários da Carolina, depois secretário do Conselho de Comércio e das Plantações, a atividade política de Locke se desenrolava à sombra de Shaftesbury, sem que ele chegasse – ou mesmo aparentemente desejasse – obter funções mais elevadas. Quando Shaftesbury passou para a oposição, Locke seguiu-o, e o acompanhou também à Holanda, onde seu patrono e protetor teve de se refugiar a partir de 1682.

Em contato com Shaftesbury, Locke viu-se envolvido em uma importante crise política, a crise da Exclusão, que agitou todo o final do reinado de Carlos II. Quando o irmão do rei, Jaime, duque de York, converteu-se ao catolicismo em 1677, todos os fantasmas de um rei católico

---

2. Esses textos eram entretanto conhecidos nos círculos próximos a Locke, nos quais circulavam os manuscritos; os *Ensaios sobre a lei da natureza* (1663-64) retomam, por exemplo, os textos de conferências realizadas em Oxford.

3. *Algumas considerações sobre as conseqüências de uma baixa dos juros e de uma alta do valor do dinheiro*, por exemplo, é um texto endereçado em 1668 a Shaftesbury, no qual Locke alerta contra uma baixa dos juros que faria por sua vez baixar o valor das terras. Alguns exemplos desses textos podem ser encontrados em *Political Essays*, Mark Goldie (ed.), Cambridge, Cambridge University Press, 1997.

assentado no trono inglês voltaram a assombrar as consciências políticas e religiosas.[4] Ao mesmo tempo, foi o risco do absolutismo que Locke percebeu por trás de Carlos II. Shaftesbury travou um combate encarniçado para fazer "excluir" da sucessão o irmão do rei Carlos, cuja religião fazia prever um regime de alianças inaceitáveis para a Inglaterra, especialmente com Luís XIV da França. Essa crise marcou consideravelmente a vida política do final do reino de Carlos II (morto em 1685), tendo o Parlamento sido suspenso várias vezes antes de ser totalmente ignorado pelo rei, e Carlos II ficar, por falta de outras alternativas, dependente dos favores políticos do soberano francês.

Esses debates entre alguns homens políticos (especialmente aqueles que viriam a ser chamados os *whigs*) e o rei, em torno da sucessão dinástica e do papel do Parlamento, têm grande relação com o pensamento político de Locke. Pois se os *Dois tratados sobre o governo civil*

---

4. Os conflitos religiosos sob o reino de Carlos II, e depois sob o de Jaime II, fazem parte do contexto em que se inscreve o texto de Locke. A principal ameaça, real ou imaginária, para a Igreja Anglicana durante todo o período é a do catolicismo, à qual deve-se juntar, depois da república de Cromwell, o fantasma do não-conformismo. Os rumores de complôs sucedem-se aos complôs de revogação do Édito de Nantes (1685) [em 1598, o rei francês Henrique IV havia proclamado na cidade de Nantes um édito que assegurava a tolerância religiosa para com os protestantes franceses e lhes outorgava direitos civis e liberdade de culto em muitas partes da França, embora não em Paris. É esse édito que foi revogado em 1685 por Luís XIV. (N. T.)]. Nesse contexto, ser ou não tolerante com relação aos protestantes não-conformistas, os *dissenters*, é uma decisão que se colocava também para os católicos (Carlos II buscou por um momento apoiar-se em uma aliança desse tipo). A declaração de indulgência proclamada por Carlos II em 1672 foi violentamente combatida pela Igreja Anglicana, com o resultado de que em 1675, buscando apaziguar os anglicanos, Carlos II reforçou as medidas contra os católicos e os não-conformistas. A crise da Exclusão cristaliza de fato todas as tensões e conflitos que sacodem a Inglaterra dessa época. Em seguida a essa crise, a perseguição contra os não-conformistas torna-se brutal, e eles se refugiam na clandestinidade. Os *whigs* radicais, com os quais estes estavam aliados ou se identificavam, são exilados ou executados.

aparecem, no Prefácio, como uma defesa da Revolução de 1688, é muito mais verossímil que a doutrina essencial da desobediência tenha se forjado no contato com a crise da Exclusão.

Por muito tempo se pensou, por causa desse prefácio, que o texto havia sido redigido após a Revolução de 1688[5], isto é, como uma justificação da revolução passada. Hoje há o consenso de que ele anuncia uma revolução ainda por vir, e que foi escrito bem antes da Revolução Gloriosa. Segundo Peter Laslett, o texto teria sido composto nos anos 1679-80, ainda que adições posteriores indiquem um trabalho de revisão que se estendeu até os anos de 1688-89, o que confirma a interpretação que faz dele um tratado de teoria política, e não uma simples análise do sistema instaurado pela "revolução" de Guilherme de Orange.

É necessário abordar os *Dois tratados sobre o governo civil* como uma obra única, e não como a justaposição de dois diferentes tratados, mesmo considerando-se que o *Primeiro tratado* está inacabado. O prefácio adverte o leitor:

> Leitor, tens aqui o início e o fim de um discurso sobre o governo.

Segundo Laslett, eles foram escritos simultaneamente, tendo Locke até mesmo principiado pelo *Segundo tratado*.[6]

---

5. Lembremo-nos de que a Revolução de 1688, também chamada a Revolução Gloriosa, viu Guilherme de Orange derrubar o rei Jaime II. A aliança franco-inglesa era insuportável para a Holanda, e as questões de política exterior desempenharam nessa revolução um papel tão importante quanto os debates dinásticos. Tanto quanto uma revolução, esse acontecimento foi uma invasão.

6. Para o debate sobre a redação dos *Dois tratados sobre o governo civil*, ver Richard Ashcraft, *Locke's* Two Treatises of Government, Londres, Unwin Hyman, e *Two Treatises of Government*, Peter Laslett (ed.), Cambridge, Cambridge University Press, p. 123-6.

Trata-se de uma única obra, argumentada, caracterizada por uma unidade de propósito, a despeito do aparente desequilíbrio entre o *Primeiro tratado*, que refuta a teoria do absolutismo, e o *Segundo tratado*, mais prospectivo. Os *Dois tratados sobre o governo civil* se apresentam, ao mesmo tempo, como um texto inscrito em uma situação dada – a crise da Exclusão e os debates políticos do fim do reinado de Carlos II – e como um tratado que combate o absolutismo e a arbitrariedade do poder político. Se a situação histórica e a teoria estão vinculadas, é porque a crise política pôs em jogo princípios fundamentais ligados à questão do absolutismo e da natureza do poder.

Os *Dois tratados sobre o governo civil*, textos capitais da filosofia política ocidental para os modernos, nem sempre gozaram dessa elevada estima. Ao surgirem, não provocaram um grande debate, e uma parte das idéias neles expressas já se encontrava nos textos da época, por vezes escritos pelos amigos de Locke, tais como James Tyrrell[7] ou Algernon Sidney.[8] De fato, foi só a partir da metade do século XVIII que esse texto, em particular o *Segundo tratado*, começou a ser considerado como um tratado político de importância. Até então, havia a tendência de invocá-lo mais do que discuti-lo.[9] Isso é essencial para se apreciar o papel de Locke na história do pensamento político na Inglaterra; do mesmo modo que não se pode considerar os *Dois tratados sobre o governo civil* como uma

---

7. James Tyrrell (1642-1718), autor de *Patriarcha, non Monarcha*, publicado em 1681.
8. Algernon Sidney (1622-83), autor dos *Discourses Concerning Government*, publicados em 1698. Sidney, do círculo de Shaftesbury, foi executado após o chamado Rye House Plot, complô em que alguns *whigs* foram acusados pelo rei de tentar assassiná-lo.
9. Martyn Thompson, "The Reception of Locke's *Two Treatises of Government*, 1690-1705", *Political Studies*, vol. 24, n. 2, 1976, p. 184-91.

análise *a posteriori* da Revolução Gloriosa, é preciso notar que seu impacto real e imediato na vida política e intelectual não foi tão forte como algumas vezes se supôs. Foi, de fato, uma interpretação muito mais tardia que fez dele um dos pilares da justificação do moderno sistema parlamentar; assim, não se pode mais considerar esse texto como uma defesa de um liberalismo moderno, e, para alguns analistas, seu elemento essencial nem seria a teoria do contrato, mas antes a justificação do dever de resistência.[10]

Qualquer que seja a interpretação que se dê ao texto, é inegável que, se quisermos ver nele os fundamentos do moderno sistema de governo, tratar-se-á de uma reconstrução *a posteriori* que não corresponde à percepção geral do texto na época de seu aparecimento, ou nos anos seguintes. E é mesmo possível que ele tenha sido mais comentado na França do que na Inglaterra, pois as discussões sobre a teoria do contrato, isto é, sobre a origem da sociedade, figuravam pouco na vida política e filosófica inglesa.[11]

Na França, esses textos políticos são conhecidos desde o início do século XVIII; além de Voltaire, que se pretendia defensor de Locke, Rousseau retoma certas conclusões dos *Dois tratados*, especialmente em seu *Discurso*

---

10. John Dunn, *The Political Thought of John Locke*, Cambridge, Cambridge University Press, 1969; J. C. D. Clark, *English Society 1688-1832*, Cambridge, Cambridge University Press, 1985.

11. Clark cita o *Ensaio sobre a literatura inglesa* de Chateaubriand: "De 1792 a 1800, raramente ouvi citar Locke na Inglaterra; seu sistema, dizia-se, estava antiquado e ele passava como fraco em *ideologia* [...]. As obras dos políticos ingleses têm pouco interesse geral. As questões gerais são nelas raramente levantadas; essas obras quase só se ocupam de fatos particulares ligados à constituição dos povos britânicos", op. cit., p. 58. Se acreditarmos na análise de Chateaubriand, isso significa que essa obra de teoria política devia despertar mais interesse filosófico no continente europeu. E, de fato, foram Voltaire e Rousseau, para citar apenas esses, que admiraram e refletiram sobre os princípios dos *Dois tratados sobre o governo civil*.

sobre a desigualdade, para criticar a escravidão, e na *Economia política*, para refutar a teoria do poder real; ele concorda com Locke quanto à análise do poder civil. Em *O contrato social*, por outro lado, Rousseau se afasta da filosofia lockeana, na medida em que deseja aumentar o poder do Estado, que Locke, ao contrário, pretendia limitar.[12] A história deve ser levada em conta na interpretação do texto de Locke, porque ela o reveste de uma parte de seu sentido em razão das crises do final do século XVII, mas não pode limitar sua importância propriamente filosófica.

Os *Dois tratados sobre o governo civil*, a despeito de sua unidade, não devem ser considerados como um sistema, ou uma dedução logicamente argumentada, mas como um conjunto coerente fundado por uma reflexão sobre a natureza do poder. Isso explica igualmente os numerosos debates entre filósofos e historiadores quanto ao sentido do texto. Conforme se atribua mais importância a um ponto do pensamento de Locke do que a outro, pode-se enxergar no texto um tratado precursor do liberalismo, uma teoria da origem do governo, uma defesa da revolução – ou das revoluções –, uma expressão de uma visão política condicionada pela situação econômica da Inglaterra, etc.

A filosofia política de Locke põe em jogo um pensamento sobre as origens da sociedade, na tradição aristotélica (2T77), um pensamento sobre a moral e os direitos em sua imbricação com a política, e propõe enfim uma teoria do poder, do governo, e das relações dos indivíduos com este. Ela sugere igualmente uma reflexão sobre as condições históricas que prevaleciam no final do

---

12. Sobre a questão das relações entre Rousseau e Locke, ver, por exemplo, Robert Derathé, *Jean-Jacques Rousseau et la science politique de son temps*, Paris, Vrin, 1970, p. 113-20: "Se Rousseau e Locke têm um igual amor pela liberdade, o mesmo ódio ao despotismo e à monarquia absoluta, não é menos verdade que, quanto ao papel do Estado, eles têm duas concepções muito diferentes, e até [...] radicalmente opostas" (p. 119).

século XVII, com a análise teórica do poder político alimentando-se das condições nas quais ele se exerce sob o reinado de Carlos II.

A conclusão para a qual tendem os *Dois tratados* é notável, pois ela justifica a desobediência civil:

> É legítimo para o povo, em alguns casos, resistir a seu rei.[13] (2T232)

No contexto da crise que abalou todo o final do século XVII na Inglaterra, essa conclusão não é apenas o resultado de um raciocínio teórico sobre a autoridade política e a sociedade civil, mas coloca igualmente em perspectiva o regime monárquico, suas prerrogativas, bem como o papel dos cidadãos.[14]

Para chegar a isso, Locke refuta inicialmente a doutrina absolutista, de modo a colocar no centro de seu pensamento político o princípio incontornável da liberdade fundamental do homem – e, portanto, da igualdade de todos. Esse princípio, mostra Locke, governa o estado de natureza, em que prevalecem a liberdade de cada um e a conservação da humanidade. A união da liberdade individual e do respeito ao bem comum permite explicar a origem da propriedade, e garante em última análise o equilíbrio da sociedade civil. Contra Filmer e os proponentes do absolutismo, Locke afirma que a sociedade civil está fundada, em sua origem, no consentimento de todos, e não em alguma herança divina ou um "título de propriedade" conferido a Adão, do qual decorreria o poder político.

---

13. Já enunciado por Barclay, "esse grande paladino do poder e do caráter sagrado dos reis" (2T232), mas fundamentado, no caso de Locke, em uma concepção totalmente diferente de poder.
14. De resto, Locke reconsidera toda a história do século, quando se apresenta a ocasião.

Os *Dois tratados sobre o governo civil* são dirigidos à justificação do dever de resistência; e este pressupõe a liberdade de todo indivíduo, aliado ao respeito pela lei natural. Mostrarei de início como a refutação a Filmer permite a Locke estabelecer a liberdade do indivíduo. O passo seguinte será dedicado ao estudo da lei natural e do estado de natureza, fundamentos do pensamento político lockeano. Como a lei natural ordena ao homem a preservação de si mesmo e o respeito ao bem comum, ela garante a propriedade. Analisarei assim, em seguida, a concepção da propriedade, para indicar como, dissociada do poder, ela pode se tornar o fundamento da sociedade civil. Serão estudados, finalmente, a natureza da sociedade civil e o funcionamento do governo.

A refutação a Filmer e a questão da autoridade[15]

Locke consagra o essencial do *Primeiro tratado* à refutação de toda justificação da monarquia absoluta, dirigindo um ataque contra a teoria de Filmer exposta em *Patriarcha: ou o poder natural dos reis*.[16] Esse primeiro tratado, entretanto, não tem a simples função de destruir uma teoria; ele assenta igualmente os fundamentos de uma doutrina que será desenvolvida no *Segundo tratado*. Na época de Locke, Filmer não era o único teórico dessa forma de governo, mas era certamente um dos proponentes mais renomados dessa doutrina. Todos os defensores do absolutismo se inspiram, em maior ou menor grau, nas análises de Bodin[17], em especial na submissão de todos os

---

15. Para uma análise precisa e detalhada da controvérsia Locke-Filmer, ver Franck Lessay, *Le Débat Locke-Filmer*, Paris, PUF, 1998.
16. Redigido por volta de 1637, publicado em 1680.
17. Jean Bodin (1530-96) fez-se o teórico da monarquia absoluta com seu livro *A república* (1576).

poderes ao monarca absoluto; se este pode ocasionalmente delegar sua autoridade, tem sempre o direito de retomá-la. Os teóricos protestantes acrescentam a essa doutrina sua contribuição própria, postulando que o poder do monarca é conferido diretamente por Deus. Resistir ao rei é, portanto, impossível e sacrílego, pois isso equivale a resistir ao poder de Deus.[18]

Locke retoma a argumentação de Filmer dedicando-se a desmontá-la ponto por ponto, tanto no plano das idéias como nos detalhes da demonstração. Ele começa por identificar o essencial da doutrina de Filmer:

> Seu sistema ocupa pouco espaço, e reduz-se a isto:
> *Todo governo é uma monarquia absoluta*;
> e a base sobre a qual ele o constrói é:
> *Que nenhum homem nasce livre*. (1T2)

Todo raciocínio de Locke tem por finalidade demonstrar a liberdade fundamental do homem:

> Para abrir caminho para essa doutrina, eles negaram à humanidade um direito à liberdade natural. (1T3)

A questão do poder absoluto do príncipe está, para Locke, inextricavelmente ligada à liberdade do gênero humano. De sua oposição fundamental a Filmer sobre este ponto decorre toda a argumentação do *Primeiro tratado*:

> Mas se essa fundação [que os homens não são naturalmente livres] falha, todo o edifício desmorona com ela, e é preciso que os governos retornem a seu antigo modo de constituição, por meio do artifício e do consentimento

---

18. Quentin Skinner, *The Foundation of Modern Political Thought*, vol. 2, Cambridge, Cambridge University Press, 1978.

de homens [...] que fazem uso de sua razão para unir-se em sociedade. (1T6)

Enquanto Filmer reivindica uma diferença radical entre os monarcas e os homens, Locke dedica-se a mostrar não apenas que não há tal diferença, mas que Filmer não demonstrou o que afirma. Como no *Ensaio sobre o entendimento humano*, Locke começa por refutar uma teoria[19], mas não é a refutação que conduz à teoria "positiva"; é antes a idéia que ele faz da natureza humana que funda a refutação.

A justificação de Filmer para a monarquia absoluta e, em conseqüência, para o poder autoritário, apóia-se em diversos postulados que Locke abala um por um: o poder do rei decorre diretamente do poder do pai; esse poder é um poder absoluto; esse poder monárquico absoluto foi inicialmente conferido a Adão, ao mesmo tempo que a propriedade sobre todas as coisas; em seguida foi transmitido aos monarcas. Para Filmer, o poder de Adão é

> um direito de soberania divino e inalterável, pelo qual um pai ou príncipe tem um poder absoluto, arbitrário, ilimitado e ilimitável sobre as vidas, liberdades e posses de seus filhos e súditos; de tal modo que pode tomar ou alienar seus bens, vender, castrar ou usar suas pessoas como lhe aprouver, pois todos são seus escravos e ele é o senhor ou proprietário de todas as coisas, e sua ilimitada vontade é lei sobre eles. (1T9)

Locke examina um por um os diferentes argumentos apresentados por Filmer para fundar o poder absoluto a partir de Adão. Este, segundo o autor de *Patriarcha*, teria

---

19. No *Ensaio*, como veremos, Locke confronta a teoria do inatismo.

sido o primeiro monarca pela criação, e portanto por atribuição de Deus (1T15-20). Apoiando-se em seguida em uma passagem do *Gênesis* (1.28), Filmer defende o poder de Adão, indicando que este, havendo recebido "o domínio sobre todas as criaturas, tornou-se assim monarca do mundo inteiro" (1T23). Mais à frente, Filmer invoca a sujeição de Eva a Adão para justificar esse poder (1T44-49). Por fim, o poder de Adão sobre seus filhos confere-lhe, segundo Filmer, o poder de reinar. Não somente a paternidade submete os filhos a seu pai (do mesmo modo que os súditos estão submetidos ao monarca), mas ela implica uma autoridade política, que é, como a autoridade do pai, absoluta.

Esses argumentos permitem a Filmer estabelecer a necessidade divina do absolutismo: ele reconhece um único centro de poder, o monarca, que só é responsável por suas ações diante de Deus. As doutrinas absolutistas, de forma mais geral, não atribuem nenhum limite ao poder do rei, e nenhuma lei humana está à altura de circunscrevê-lo (esta idéia é desenvolvida em especial por Bodin). A lei só pode provir do legislador supremo. Os súditos, por fim, dependem do monarca, são sua propriedade.[20]

Locke retoma em detalhe o raciocínio de Filmer (é por isso que o *Primeiro tratado* pode parecer um pouco árido) e, apoiando-se em uma análise precisa das Escrituras, mostra que Filmer leu mal os textos, ou os interpretou mal, ou extraiu deles conclusões errôneas. O resultado do raciocínio lhe parece sempre já previsto pela argumentação:

> Pois, quaisquer que sejam as premissas, a conclusão é sempre a mesma; basta que um texto qualquer mencione uma única vez a palavra *governo*, e imediatamente a

---

20. Ian Harris, *The Mind of John Locke*, Cambridge, Cambridge University Press, 1994, p. 199-200.

monarquia absoluta é estabelecida com base no direito divino. (1T44)

Contra Filmer, Locke sustenta que, seja por direito natural, seja por atribuição direta de Deus, não há nenhum sentido em que a humanidade, a partir de Adão, possa estar submetida ao poder do monarca; não existe nenhum elo entre a criação e o direito de governar (1T19). Isso não significa em absoluto negar a criação de Adão, e não põe minimamente em questão as Escrituras:

> Assim, a mera *criação* não lhe deu domínio, e poder-se-ia *supor a humanidade livre sem negar a criação de Adão*, dado que foi a designação por Deus que o fez monarca. (1T15)

Locke mostra a seguir, baseando-se nos textos, que Deus não atribuiu nenhum poder a Adão nem lhe deu a propriedade das criaturas; ou seja, que Adão não era monarca, e menos ainda monarca absoluto (1T24). Locke explica que o que Adão recebeu não é um título de propriedade da criação, mas o domínio compartilhado, a "liberdade de usar dela" (1T39) em comum com os outros homens (1T24-29).[21] Locke estabelece, assim, que não poderia haver ligação entre o poder político e os mandamentos de Deus, o que é essencial para o *Segundo tratado*. Outro ponto capital é que deixa então de existir qualquer relação entre *propriedade* e *poder político* (1T41-44).

O poder de Adão sobre Eva parece-lhe igualmente pouco fundamentado, e se a Bíblia esboça uma doutrina da

---

21. O pensamento político no século XVII tendia a considerar a propriedade e o poder político na mesma categoria de *dominium*. Locke distingue claramente entre a "dominação" (*dominion* em inglês) e a "propriedade" (*property*), no sentido de propriedade privada. Sobre os antecedentes filosóficos dessa distinção, ver Ian Harris, op. cit., p. 224-7.

condição da mulher, ela não justifica nenhum poder dos homens sobre as mulheres:

> Deus, nesse texto, não confere, tanto quanto eu veja, nenhuma autoridade a *Adão* sobre *Eva*, ou aos homens sobre suas mulheres, mas simplesmente prevê qual será o destino da mulher, e como, por sua providência, ele vai arranjar para que ela esteja submetida a seu marido, como vemos em geral ordenado pelas leis da humanidade e pelos costumes das nações; e há, admito, um fundamento natural para isso. (1T47)

Locke não vê, por fim, nenhuma razão para supor que o fato de ser pai de seus filhos faça destes escravos, nem que anule o poder da mãe, partilhado com o pai, sobre os filhos.

A incoerência do propósito de Filmer é posta em evidência no último capítulo, no qual, sob o título "Quem é esse herdeiro?" (1T106-169), Locke dedica-se a mostrar a extrema complexidade, no contexto de uma teoria do absolutismo, da questão da sucessão:

> como é possível que, dando tanta importância como dá à *descendência*, e ao *herdeiro de Adão*, *o primeiro herdeiro*, *o herdeiro legítimo*, ele [Filmer] nunca nos diga o que significa *herdeiro*, nem a forma de reconhecer quem é o *primeiro* ou *legítimo herdeiro*? (1T111)

Disso decorre o problema – essencial para Locke – da obediência e do reconhecimento do poder ao qual se deve obedecer (1T122).

Essa refutação tem múltiplos significados. De início, permite a Locke atacar um dos proponentes mais conhecidos do absolutismo, em um momento da história da Inglaterra (de fato, todo o século XVII) no qual questões ligadas ao poder do rei estavam no centro dos debates políticos, desde Jaime I até a tomada do poder por Guilherme de Orange. Mais precisamente, o caráter arbitrário do poder engendrado pelo absolutismo era violentamente combatido por uma parte da classe política inglesa no século XVII, que discernia durante o reino de Carlos II e na conversão ao catolicismo de seu irmão Jaime II todas as premissas do restabelecimento de um poder tirânico, contrário à liberdade, e que faria novamente do catolicismo a religião da Inglaterra.

A tentação do absolutismo estava, além do mais, associada a Luís XIV, e qualquer tentativa de um monarca de reinar como o rei francês deveria ser combatida. Os *dissenters*, esses protestantes não-conformistas que reivindicavam o direito de praticar seu culto livremente, e toda classe anglicana, mais rural que urbana, insurgiam-se contra essas tentações de absolutismo. Os rumores de complôs católicos vinham alimentar cuidadosamente, a intervalos regulares, o medo do poder absoluto (entre 1678 e 1681, em especial, numerosos rumores circulavam a idéia de um complô fomentado pelos católicos e pelos jesuítas para assassinar Carlos II e matar todos os protestantes).

A crise da Exclusão e o contexto político concentraram todas as resistências ao absolutismo que já se exibiam, e a argumentação de Locke ecoava certos elementos do debate. A refutação a Filmer fazia parte de um movimento político e intelectual que visava repelir o espectro do monarca absoluto; pode-se supor que Locke também se opunha ao absolutismo porque observava na vida política os riscos de retorno a um regime que nega a liberdade do indivíduo. A argumentação filosófica envolve, nesse sentido, uma análise dos debates políticos contemporâneos.

Já se disse que seria errôneo considerar o *Primeiro tratado* como uma simples refutação, um anexo brilhante e árido a um *Segundo tratado* que seria o verdadeiro discurso filosófico. De fato, a primeira parte já fixa as balizas da argumentação posterior, e indica os passos segundo os quais ela vai se desenvolver. Em uma importante passagem, Locke recapitula toda sua argumentação contra Filmer para mostrar que, se recusarmos cada uma de suas conclusões, chegaremos à afirmação, não à negação, da liberdade fundamental do indivíduo:

> E assim terminamos finalmente de examinar tudo que em nosso autor passa por um argumento em favor da *soberania absoluta ilimitada* descrita na seção 8 e que ele atribui a *Adão*, de modo a concluir que os homens desde então nasceram todos *escravos*, sem nenhum título à liberdade. Mas se a *criação*, que nada produz senão um ser, não fez *Adão príncipe de sua posteridade*; se *Adão* (*Gen.* 1, 28) não foi feito senhor da humanidade nem recebeu um *domínio privado* do qual seus filhos estivessem excluídos, mas apenas um direito e poder sobre a Terra e as criaturas inferiores em comum com os filhos dos homens; se, ainda (*Gen.* 3, 16), Deus não deu nenhum poder político a *Adão* sobre sua mulher e filhos, mas apenas sujeitou *Eva* a *Adão* como uma punição, ou previu a sujeição do sexo mais fraco na organização dos assuntos de interesse comum de suas famílias, não dando com isso a *Adão*, como marido, o poder de vida e morte que só pertence ao magistrado; se os pais, pelo ato de gerarem seus filhos, não adquirem um tal poder sobre eles; e se o mandamento *Honrai pai e mãe* não o dá, mas apenas prescreve um mesmo dever relativamente aos pais, quer sejam ou não súditos, e à *mãe* tanto quanto ao *pai*; se tudo isso é assim, como penso que é muito evidente pelo que foi dito, então o homem tem uma liberdade natural, não obstante tudo que nosso autor diz em sentido contrário com tanta confiança, dado que todos os que compartilham da mesma natureza, faculdades e poderes

são iguais por natureza e devem compartilhar os mesmos direitos e privilégios comuns. (1T67)

Esta passagem é exemplar em mais de um sentido. Primeiro, porque ela esclarece um aspecto do método de Locke: o autor não se contenta em refutar Filmer ponto por ponto, apoiando-se, por exemplo, nos textos sagrados, mas reconstrói seus raciocínios e reporta-se a suas premissas para mostrar a ilegitimidade de seu encadeamento. Locke elabora, a partir de sua refutação, uma argumentação lógica voltada para as mesmas questões, para chegar a uma conclusão totalmente oposta. No cerne da teoria de Filmer, Locke percebe a ausência natural da liberdade dos homens; ao refutá-lo, Locke repõe a "liberdade natural" no centro de toda análise política. Ao solapar os fundamentos da teoria de Filmer, Locke garante o princípio sobre o qual deve repousar a sua teoria, exposta no *Segundo tratado*: a liberdade do indivíduo.

Contra Filmer, Locke postula a igualdade fundamental dos homens, que compartilham todos as mesmas faculdades. Essa igualdade é inseparável da liberdade de não ser governado por um monarca absoluto. A igualdade entre os homens implica a superioridade dos homens sobre o resto da criação, e essa igualdade proíbe que um só possa reinar sobre a humanidade em seu todo. A autoridade não pode, portanto, provir de uma única fonte. Enquanto, para Filmer, Deus atribui a uma única pessoa o direito de reinar sobre a criação, Locke afirma que Deus não nos deu nenhuma razão para pensar que um homem seja superior aos outros. O poder político não pode vir de Deus, como acreditava Filmer. Com isso se atribui a Deus um lugar diferente, que aparecerá no *Segundo tratado*.[22]

---

22. Ian Harris, op. cit., p. 211.

Por fim, a partir da discussão do texto de Filmer, Locke entrevê um outro tipo de governo, que ele anuncia no final do *Primeiro tratado*:

> Na medida em que podemos concluir alguma coisa da leitura das Escrituras sobre este ponto, parece seguir-se desta passagem que, se os homens tivessem algum governo, seria antes uma república (*Commonwealth*[23]) que uma monarquia absoluta. (1T146)

A refutação a Filmer permite a Locke construir um outro sistema político, ou propor princípios de sociedade e de governo diferentes daqueles do absolutismo. A liberdade e a igualdade dos homens são reenviadas ao centro do debate, e Locke reencontra aí uma linguagem e uma corrente de pensamento importantes na Inglaterra do século XVII, a dos *niveladores* (*levellers*). Os niveladores defendiam a soberania popular e o poder do Parlamento, recusavam a monarquia em nome do princípio essencial de que todos os homens nascem livres.[24] Por outro lado, é a tradição dos *dissenters*, os protestantes não-conformistas sufocados pelo regime de Carlos II, que Locke retoma, e todo seu discurso que privilegia a liberdade individual e a relação direta do homem com Deus opõe-se ao poder exercido pela Igreja Anglicana, em particular após a república puritana de Cromwell.

---

23. Se a palavra "república" pode ser enganosa, o termo que Locke utiliza em inglês, *commonwealth*, corresponde ao latim *civitas*, e designa uma comunidade independente de homens.

24. Eles estiveram particularmente na origem da revolução que derrubou o rei Carlos I.

A lei natural e as origens da sociedade civil: o contrato

Na base da argumentação de Locke no primeiro e sobretudo no segundo tratado encontra-se a noção de lei natural. Locke alude repetidamente a ela no primeiro tratado, identificando-a com a lei da razão (1T101).[25] Trata-se de um conceito central, pois fornece a chave da concepção de Locke sobre o estado de natureza. A lei natural impõe a cada homem preservar-se a si mesmo e preservar o resto da humanidade (2T6 e *passim*), e, com esse conceito, Locke liga de forma indissociável os direitos do indivíduo e seu dever moral de preservar a comunidade.

A questão da lei natural foi inicialmente abordada por Locke nos ensaios compostos em latim em 1663-64, apresentados sob forma de conferências na Universidade de Oxford e conhecidos sob o título *Ensaios sobre a lei de natureza*. Jamais publicados durante sua vida, esses ensaios eram, não obstante, conhecidos pelos círculos filosóficos próximos a Locke. A definição de lei natural dada no primeiro ensaio é clara:

> Essa lei natural pode ser descrita como o decreto da vontade divina, perceptível pela luz natural, que indica o que está e o que não está de acordo com a razão natural e, por essa mesma razão, o que se exige e o que se proíbe.[26]

Os *Ensaios* mostram como o homem chega ao conhecimento da lei natural. Neles, Locke estabelece o liame entre a lei natural e a razão, pois é pela razão, apoiada na experiência, que o homem pode chegar ao conhecimento

---

25. À época, a razão era considerada como uma das manifestações da natureza.
26. Em *Political Essays*, 1997, p. 82.

dessa lei, o qual não é, de fato, inato (Ensaio V). Todo ser é racional, mesmo que nem sempre saiba servir-se de sua razão; em contrapartida, se souber usar as faculdades que lhe são conferidas pela natureza, pode chegar ao conhecimento. Este, como mostra Locke, anunciando com isso igualmente o *Ensaio sobre o entendimento humano*, deve imperativamente apoiar-se na percepção sensível (Ensaio II), a sensação dando a matéria à razão, que, reciprocamente, ordena a sensação e arranja as imagens derivadas da percepção sensível (Ensaio IV). A lei natural, por fim, obriga os homens, e quem observa a lei da natureza contribui para o bem de cada um e de todos (Ensaio VIII). Mas é importante não esquecer, como esclarece a definição citada, que é Deus quem promulga a lei natural e que é ele que dá ao homem as faculdades para conhecê-la.

Assim se efetua a passagem da doutrina de Filmer para a de Locke. Enquanto para o primeiro a providência divina determina princípios políticos e sociais imutáveis, para o segundo, Deus dá aos indivíduos a obrigação de respeitar a lei moral, obrigação que podem conhecer graças à razão.[27] Todos os homens podem igualmente conhecer e respeitar a lei natural, desde que façam uso de sua razão, apoiada na percepção sensível. Deus não colocou nenhum homem, nenhum monarca, acima dos demais, e os homens são necessariamente iguais e livres ao mesmo tempo. Isto não é pôr em questão o poder de Deus, mas simplesmente colocá-lo, só ele, acima dos homens.

Locke retoma esse raciocínio no *Segundo tratado*, onde o elo entre o conhecimento da lei natural e a razão é claramente expresso:

---

27. John Dunn, op. cit., p. 121.

é certo que essa lei existe e é tão inteligível e simples aos olhos de uma criatura racional que a estude como as leis positivas de uma república; talvez até mais clara. (2T12)

Ainda mais importante é o elo que Locke estabelece com a liberdade do homem. Vimos acima que sua oposição a Filmer decorria da absoluta liberdade que Locke reivindica para o homem. A lei natural garante essa liberdade de cada um e, portanto, a igualdade de todos:

> Se, em função de defeitos que podem ocorrer no curso ordinário da natureza, alguém não alcançar um grau de razão que permita supô-lo como capaz de conhecer a lei e viver dentro de suas regras, ele *não poderá jamais tornar-se um homem livre*. (2T60)

A lei natural fundamenta a doutrina de Locke e caracteriza o estado de natureza. Governados pela simples lei natural, os homens são, em seu âmbito, totalmente livres:

> Esse é um *estado de perfeita liberdade*, em que os homens podem ordenar suas ações e dispor de suas posses e pessoas tal como julguem adequado, dentro dos limites da lei de natureza, sem ter de pedir licença ou depender da vontade de qualquer outro homem.
> É também um estado de *igualdade*, no qual todo poder e jurisdição são recíprocos, e ninguém os possui em grau maior que outro, pois nada é mais evidente que o fato de que criaturas da mesma espécie e posição, nascidas indiscriminadamente para usufruir das mesmas vantagens da natureza e para o uso das mesmas faculdades devem ser iguais entre si, sem subordinação ou sujeição, a menos que o Senhor e Mestre de todos, por uma declaração manifesta de sua vontade, coloque um acima de outro e

lhe confira, por uma clara e evidente designação, um indubitável direito de domínio e soberania. (2T4)

No estado de natureza, o homem possui direitos e deveres que lhe são dados pela lei de natureza. Essa lei garante de forma inextricável a liberdade e a igualdade entre os homens. E é vontade de Deus que o homem possua ao mesmo tempo livre-arbítrio e razão; ele funda assim, no estado de natureza, a moral de todas as ações humanas e de todas as relações sociais.[28] Um homem pode violar a lei natural, mas com isso ele declara que vive segundo uma lei que não é a lei da razão, torna-se perigoso para os outros homens e pode ser justamente punido. Isso, diz Locke, não é senão a aplicação da lei natural (2T8).

O estado de natureza assim concebido, como um estado de perfeita igualdade entre os homens e de perfeita liberdade, não é fruto de uma especulação. Locke explica que encontramos exemplos de estado de natureza que dão testemunho de sua existência real (2T14-15; 2T103)[29]; e em certos relatos de viajantes ele encontra indícios da existência de homens que vivem ainda no estado de natureza. Seu estado de natureza difere, por exemplo, daquele proposto por Hobbes no *Leviatã*, que é uma construção

---

28. Richard Ashcraft, op. cit., p. 111.
29. Também Rousseau parece acreditar na existência real do estado de natureza. Ver seu *Discurso sobre a origem e os fundamentos da desigualdade entre os homens*: "Todas estas observações sobre as variedades que mil causas podem produzir e têm efetivamente produzido na espécie humana fazem-me suspeitar se diversos animais semelhantes aos homens tomados sem muito exame por viajantes como animais, quer por causa de algumas diferenças que observaram na conformação exterior, quer simplesmente porque esses animais não falavam, não seriam de fato verdadeiros homens selvagens, cuja raça antigamente dispersa nos bosques não tivesse tido ocasião de desenvolver nenhuma de suas faculdades virtuais, não tivesse adquirido nenhum grau de perfeição e se encontrasse ainda no estado primitivo de natureza" (nota X).

teórica cujo objetivo é mostrar o que seria a sociedade humana na ausência de um poder político e, portanto, justificar esse poder. Para Locke, o estado de natureza é a condição natural dos homens, desejada por Deus antes da sociedade política. Nesse estado, o homem é um ser moral e racional, tal como Deus o criou. A existência atestada empiricamente do estado de natureza vem dar apoio a sua argumentação.

Mas o estado de natureza impõe alguns limites. Se cada um é juiz da aplicação da lei natural e, ao mesmo tempo, parte interessada, então a desordem pode surgir, e é por essa razão que se cria a instituição do governo (2T13). Mais precisamente, no estado de natureza não existe lei que permita aos homens julgar imparcialmente sobre o direito e as faltas de cada um, pois, como adverte Locke, eles podem ocasionalmente aplicar a lei natural em um sentido que lhes seja favorável (2T123). Além disso, falta ali um juiz imparcial que decida sobre os conflitos (2T124), e falta também o poder de executar uma decisão (2T125), sendo essa a razão pela qual os homens são levados a entrar em sociedade. Locke assinala muito claramente a diferença entre estado de natureza e a sociedade política pelo estabelecimento e existência, nesta última, de um conjunto de instituições, de regras, e de um juiz imparcial para aplicá-las.

A sociedade política é entendida como a preservação da lei natural e, em particular, como veremos, como a preservação da propriedade de cada um. Ela está fundada sobre a existência de um contrato. Esse contrato (*compact*) põe fim ao estado de natureza e proclama a entrada dos homens, por acordo mútuo, na sociedade política:

> Não é qualquer convenção que põe um fim ao estado de natureza entre os homens, mas exclusivamente aquela pela qual eles concordam mutuamente em entrar em uma comunidade e constituir um único corpo político. (2T14)

Contrariamente ao que Filmer sustentava, a sociedade política, na versão de Locke, baseia-se na concordância de cada um, ao passo que a monarquia absoluta, ao negar esse acordo entre todos os homens, opõe-se à sociedade civil (2T90).

Os homens por acordo (*consent*) mútuo abandonam sua liberdade natural e concordam em submeter-se à sociedade civil, que não é outra coisa senão uma comunidade, um corpo político único governado e administrado pela maioria:

> A única forma pela qual alguém pode despir-se de sua liberdade natural e *envergar os liames da sociedade civil* é concordar com outros homens em juntar-se e unir-se em uma comunidade. (2T95)

Cada qual se submete à lei da maioria[30], sob pena de infringir o contrato, subscrito por todos, que funda a comunidade. É portanto uma doutrina bem simples a que Locke propõe para explicar a sociedade política:

> Assim, aquilo que origina e efetivamente *constitui qualquer sociedade política* não é senão o fato de que um certo número de homens livres capazes de formar uma maioria consentem em unir-se e incorporar-se a uma tal sociedade. E é isto, e apenas isto, que dá ou pode dar *início* a qualquer *governo legítimo* no mundo. (2T99)

Essa teoria do contrato está no cerne dos problemas e controvérsias que agitam a Inglaterra do século XVII, antes mesmo da publicação dos *Dois tratados sobre o governo civil*. De fato, os problemas que acompanham o reinado

---

30. Notemos que Locke está de acordo com Hobbes neste ponto, e contra Filmer.

de Jaime II, em particular quando este empreende a fuga para escapar à invasão de Guilherme de Orange, são entendidos por muitos, especialmente pelos *whigs*, como uma ruptura do contrato firmado pelo rei com o povo; eles não mais consideram, portanto, que a monarquia seja de direito divino, mas sim que ela repousa em um pacto entre o povo e o monarca. Uma análise desse tipo remonta, de fato, à destituição de Carlos I, acusado de haver travado uma guerra contra seu povo. A teoria de Locke resume, assim, uma profunda evolução na forma de conceber o Estado e uma completa ruptura com os partidários do absolutismo.

O contrato supõe um consentimento de cada indivíduo. Segundo Locke, o consentimento pode ser de dois tipos, expresso ou tácito:

> Ninguém duvida que um *consentimento expresso* de qualquer homem, ao ingressar em qualquer sociedade, torna-o um membro pleno dessa sociedade e um súdito desse governo. A dificuldade reside em saber o que deve ser considerado como um *consentimento tácito* e até que ponto ele introduz obrigações, isto é, em que medida se deve considerar alguém como tendo consentido e, com isso, se sujeitado a um governo qualquer, mesmo sem ter dado nenhuma expressão a esse consentimento. E, quanto a isso, respondo que todo homem que tem alguma posse ou fruição de qualquer parte dos domínios de um governo dá com isso seu *consentimento tácito*, e está nessa medida obrigado a obedecer às leis desse governo durante essa fruição, tanto quanto qualquer outro a elas submetido. (2T119)

O consentimento expresso explica a origem da sociedade política e do contrato, assim como os direitos e deveres dos indivíduos que se acham ligados pela nova instituição política; o consentimento tácito justifica que um indivíduo faça parte de um sistema sem ter aderido a ele desde sua origem, devendo obedecer às leis dessa particular sociedade política. Pelo consentimento expresso, um indivíduo pode tornar-se membro de uma sociedade política; pelo consentimento tácito, ele tem a obrigação de respeitar as leis da sociedade (particularmente no que se refere à propriedade).[31]

A teoria do consentimento explica a fundação pacífica dos governos. Mas Locke também considera o caso em que os governos são fundados pela violência ou pela conquista. O estado de guerra é contrário à lei natural, que impõe a preservação do homem, não sua destruição (2T16). Mais precisamente, toda vontade de dominação de um homem por um outro é assimilável ao estado de guerra, pois implica uma privação de liberdade:

> Aquele que, no estado de natureza, *quiser retirar a liberdade* que pertence a cada um nesse estado, deve ser necessariamente considerado como tendo a intenção de retirar tudo o mais, dado que essa liberdade é o fundamento de todo o resto. Do mesmo modo, aquele que, no estado de sociedade, quiser retirar a *liberdade* pertencente aos membros dessa sociedade ou república, deve ser considerado como tendo a intenção de retirar deles todas as outras coisas e, portanto, como estando *em estado de guerra*. (2T17)

No estado de natureza, toda tentativa de privar um homem de sua liberdade fundamental é uma infração da lei natural, e coloca aquele que a comete à margem do estado de natureza; ou seja, ela autoriza a vítima a tratar o

---

31. John Dunn, *Locke*, Oxford, Oxford University Press, 1984; e Richard Ashcraft, op. cit., p. 182.

agressor do mesmo modo. Uma conseqüência igualmente importante é que, na sociedade, aquele que empreende uma semelhante manobra declara guerra aos que são suas vítimas. Esse fato pode então justificar a resistência que os cidadãos devem opor a um monarca que ameace sua liberdade, e, mais precisamente, no contexto em que escreve Locke, a Jaime II.[32]

Uma das principais razões da fundação da sociedade política, segundo o autor do *Segundo tratado*, liga-se precisamente à necessidade que os homens têm de se precaver contra o estado de guerra: em um governo, o juiz imparcial pode arbitrar eventuais conflitos entre os homens. Locke se opõe à tradição hobbesiana ao estabelecer uma total oposição entre o estado de natureza e o estado de guerra:

> E aqui vemos a clara *diferença entre o estado de natureza e o estado de guerra*, os quais, por mais que alguns homens os tenham confundido, estão tão distantes um do outro quanto está um estado de paz, boa vontade, assistência mútua e preservação, de um estado de inimizade, malícia, violência e destruição mútua. Homens vivendo juntos de acordo com a razão, sem um superior comum na Terra que tenha autoridade sobre eles, esse é *propriamente o estado de natureza*. Mas a força, ou o desígnio declarado de usar a força contra a pessoa de um outro, quando não há nenhum superior na Terra para quem apelar por auxílio, esse *é o estado de guerra*. (2T19)

---

32. Não é impossível, segundo Laslett, o editor dos *Dois tratados sobre o governo civil*, que essa frase tenha sido adicionada em 1689.

A propriedade

Ao refutar Filmer, que considera Adão proprietário de todas as criaturas, Locke esboçou no *Primeiro tratado* uma discussão da noção de propriedade; e no *Segundo tratado* (capítulo V) fez dela um conceito central de sua descrição do sistema político. A concepção lockeana da propriedade decorre inteiramente de sua análise do estado de natureza, em especial da obrigação do indivíduo, ao atuar para sua própria conservação, de respeitar o bem comum.

Como demonstrou a primeira parte do *Segundo tratado*, Deus deu a criação aos homens em partilha, e não apenas a Adão. Mas se a humanidade herda a Terra em comum, é necessário que o teórico dê conta da origem da propriedade privada e explique a passagem do coletivo ao particular.

Locke resolve o problema explicando que o fundamento irredutível da propriedade é a propriedade de si mesmo, de sua própria pessoa (2T27, 2T173), e do trabalho que essa pessoa realiza:

> Embora a terra e todas as criaturas inferiores sejam comuns a todos os homens, cada um tem uma *propriedade* em sua própria *pessoa*. Sobre esta ninguém, a não ser ele mesmo, tem qualquer direito. O *labor* de seu corpo e o *trabalho* de suas mãos, podemos dizer, são verdadeiramente seus. (2T27)

O homem, por seu trabalho, aplica seu esforço sobre a natureza ou a uma parte retirada desta; ele a transforma e lhe junta seu trabalho. E como o trabalho é propriedade inegável do homem, aquilo a que ele juntou seu trabalho torna-se igualmente sua propriedade. Por exemplo, diz Locke, o índio que mata um veado, o pescador que apanha um peixe, tornam-se proprietários de sua presa em virtude do trabalho que puseram na tarefa. Aquele que recolhe bolotas sob uma árvore torna-se igualmente proprietário delas, pois, no estado de natureza, o trabalho diferencia a propriedade privada da propriedade comum:

> Esse *labor* estabelece uma distinção entre essas coisas e o que era originalmente comum a todos. (2T28)

O mesmo vale para a terra: aquele que cultiva a terra, trabalha sobre ela e a beneficia, torna-a assim sua propriedade: ele a circunda e separa do bem comum. Na origem, a terra devia ser apropriada pelo homem; ele devia trabalhar. Ao trabalhar e adquirir propriedade, ele não espoliava seu próximo, pois havia terra suficiente para todos:

> E essa *apropriação* de qualquer pedaço de *terra* pelo seu beneficiamento não causava nenhum prejuízo a qualquer outro homem, dado que continuava a haver bastante terra, e de uma qualidade igualmente boa, e mais do que podiam utilizar os que ainda não estavam providos dela.[33] (2T33)

É o trabalho que acrescenta valor às coisas e faz que um terreno trabalhado pelo homem tenha muito mais valor que o mesmo terreno deixado como terra comum (2T40).[34]

Para Locke o trabalho faz parte das obrigações do homem no estado de natureza; é uma necessidade ditada pela razão, um mandamento de Deus expresso no *Gênesis*:

---

33. Ver também o oitavo ensaio sobre a lei natural, p. 131.
34. Ao colocar, assim, o indivíduo e sua liberdade fundamental na base de sua teoria da propriedade, Locke parece menos interessado em justificar a acumulação do que em insistir sobre o papel central do indivíduo, colocado sob o olhar de Deus.

Quando Deus deu o mundo em comum a toda a humanidade, ordenou também ao homem que trabalhasse, e a penúria de sua condição requeria isso dele. Tanto Deus como sua razão comandavam-no a subjugar a terra, isto é, beneficiá-la em proveito da vida, e com isso deixar sobre ela algo que era dele próprio, seu labor. (2T32)

A aquisição da propriedade está, portanto, de acordo com a lei natural, e, mais precisamente, dela decorre. Como explica Ashcraft[35], a teoria da propriedade depende inteiramente das obrigações morais do homem. Deus não quer apenas que o homem trabalhe para sua própria preservação: seu trabalho contribui para o bem-estar da coletividade. A lei natural é de fato dada aos indivíduos para que eles participem do bem da comunidade preservando-se individualmente. A propriedade não é, portanto, simples apropriação da terra para satisfazer suas necessidades, mas corresponde a uma ordem divina que manda o homem trabalhar, e trabalhar para o bem comum, pois a lei natural é comum a todos os homens:

> Deus, ao ordenar a subjugação da terra, deu nessa medida autoridade para a *apropriação*. E a condição da vida humana, que requer labor e materiais sobre os quais trabalhar, introduz necessariamente a propriedade privada.[36] (2T35)

---

35. Richard Ashcraft, *Revolutionary Politics and Locke's* Two Treatises of Government, Princeton, Princeton University Press, 1986.
36. Ver também 2T37: "a isto quero acrescentar que aquele que se apropria da terra para si próprio pelo seu labor não diminui, antes aumenta, o estoque comum da humanidade. Pois as provisões que servem para o sustento da vida humana, produzidas por um acre de terra cercada e cultivada, são (para falar com moderação) dez vezes mais que as produzidas por um acre de terra igualmente fértil mas deixada inculta e em comum. E, portanto, aquele que cerca a terra e obtém de dez acres uma abundância maior de coisas necessárias à vida do que se poderia obter de cem acres

Essa acumulação de propriedade pelo trabalho tem seus limites. Cada qual tem o dever de fazer frutificar a terra, de beneficiá-la por seu trabalho, mas não deve adquirir bens que deixaria deteriorar, nem cercar terras que seria forçado a deixar abandonadas. Isso seria contrário à lei natural, que prevê que cada um detenha propriedade somente segundo sua necessidade. Aquele que se apropria para além de suas necessidades usurpa, diz Locke, a parte de seu vizinho, e pode portanto ser punido. É desonesto querer mais do que a natureza nos impõe (2T37).

É nesse contexto que Locke explica a aparição da moeda. A acumulação de bens de consumo perecíveis ou não utilizáveis no momento pode não violar a lei natural, desde que se mantenha nos limites das necessidades do homem. Ele pode, então, trocá-los por bens não perecíveis, ou mesmo por um pedaço de metal, para evitar o desperdício:

> E assim se estabeleceu o uso do dinheiro, alguma coisa durável que os homens pudessem guardar sem que se estragasse e que, por mútuo consentimento, os homens aceitariam em troca dos suportes da vida verdadeiramente úteis mas perecíveis. (2T47)

O surgimento da moeda decorre do fato de que a duração passa a ser levada em conta, pois é a moeda que permite ultrapassar o ciclo das estações ou a duração de vida natural das provisões. A moeda, estreitamente ligada à temporalidade, permite que se aumente a propriedade para além de seu usufruto imediato, o que autoriza uma partilha desigual da terra sem infringir a lei natural sempre que a acumulação de moeda não espolie outros homens mas contribua para o bem coletivo:

---

deixados em seu estado natural, pode verdadeiramente ser considerado como tendo dado noventa acres à humanidade".

os homens [...] encontraram, por um consentimento tácito e voluntário, um modo pelo qual um homem poderia possuir mais terra do que aquela cujo produto pode utilizar, recebendo, em troca do excedente, ouro e prata que ele pode entesourar sem prejudicar ninguém, dado que esses metais não se estragam ou apodrecem nas mãos do possuidor. (2T50)

A moeda leva ao desenvolvimento da propriedade pelo comércio e estabelece relações entre diversas partes do mundo. O comércio aumenta os recursos da humanidade (2T46). Autorizado pela invenção do dinheiro, o comércio é nesse sentido compatível com a lei natural. A análise segue aquela que Locke realizou sobre a propriedade: o texto deixa claro que se trata de fazer frutificar a terra, de não deixá-la ao abandono, o que está de acordo com os ensinamentos da lei natural, pois não se prejudica o próximo. Locke justifica a invenção do dinheiro dizendo que este permite o desenvolvimento do comércio, que, por sua vez, contribui para o aumento do bem comum.[37] Portanto, o comércio não beneficia apenas a quem o pratica, mas à sociedade em geral.

Essa análise repousa inteiramente sobre a idéia de que Deus proveu suficientemente para todo mundo, e a

---

37. Ver 2T48: "Onde não há nada que seja ao mesmo tempo duradouro e escasso, e que seja valioso o suficiente para ser entesourado, os homens não tenderão a ampliar suas *posses de terra*, ainda que estas sejam férteis e fartamente disponíveis. Pois eu pergunto: por que um homem iria dar valor a dez mil ou cem mil acres de excelente terra fácil de cultivar e bem provida de gado no meio das partes interiores da *América*, onde ele não tem perspectivas de comércio com outras partes do mundo que lhe traga *dinheiro* pela venda de seus produtos? Não valeria a pena cercar essa terra, e nós o veríamos devolver ao estado bruto comum da natureza toda terra que excedesse o necessário para provê-lo e a sua família das conveniências da vida segundo os padrões do local".

descoberta das novas áreas na América permite a Locke, que havia sido secretário para os proprietários da Carolina, afirmar que, em princípio, nada falta ao homem. É por essa razão que o dever do homem é se limitar a sua necessidade e não se entregar a uma apropriação que, espoliando os outros homens, iria contra o desígnio divino.

As análises da propriedade e do dinheiro ocupam um papel central nos *Dois tratados sobre o governo civil*. A aristocracia inglesa, proprietária fundiária que não trabalha e que se enriqueceu sem contribuir para o bem comum, é desde o início firmemente criticada[38]; depois, ao ligar propriedade e lei natural, Locke garante a cada homem o direito a sua subsistência e portanto à propriedade, até mesmo após a passagem para a sociedade política. Além disso, ele explica, por meio do aparecimento do dinheiro, a passagem de um estado em que cada qual trabalha para sua própria subsistência a um estado em que nascem as trocas e no qual a propriedade conduz ao comércio. É igualmente a partir desse estágio de desenvolvimento, quando começam a surgir os contenciosos, que a necessidade da passagem a uma sociedade política mais se faz sentir. Com efeito, uma das funções essenciais que Locke atribui à sociedade política é a de, preservando a lei natural, preservar a propriedade dos indivíduos:

> O grande objetivo da entrada dos homens na sociedade [é] a fruição de suas propriedades em paz e segurança. (2T134, ver também 2T85 e *passim*.)

De resto, ao fundar a propriedade sobre a lei natural, Locke resolve uma dificuldade inescapável aos analistas

---

38. Ashcraft considera essa crítica como uma das mais radicais da segunda metade do século XVII. Richard Ashcraft, op. cit., p. 272-3.

políticos da época, em especial depois de Grotius.³⁹ Se o direito à propriedade não resulta da lei natural mas das leis positivas dos homens, então essa propriedade pode a qualquer momento ser posta em questão.⁴⁰

Para Grotius a propriedade era originalmente coletiva, e os homens tinham, de comum acordo, decidido dividi-la, o que havia feito nascer a propriedade privada. Como a propriedade privada devia ser garantida pelo governo, ela não podia ser senão uma emanação deste. O problema dessa análise, para Locke, era que ela era perfeitamente compatível com o absolutismo; um monarca absoluto podia garantir essa propriedade.

Para Filmer, é claro, não podia haver uma partilha da propriedade decidida pelos homens – isso implicaria uma liberdade destes, e só Adão tinha direito a ela originalmente. Como Locke funda a propriedade sobre a lei natural, sua teoria da propriedade refuta, ao mesmo tempo, as teorias de Filmer e a outra tradição absolutista da época, originária de Grotius e Pufendorf.⁴¹

A teoria da propriedade de Locke garante, por fim, a liberdade dos indivíduos. Contrariamente a Grotius, que sustentava que estes podiam aliená-la e transferir a um governo ou monarca o direito de controle sobre essa propriedade, Locke sustenta que eles não podem fazê-lo senão desnaturando-se. A propriedade, como resume Locke, engloba a vida, a liberdade e os bens (2T87, 2T171). E é seguramente Deus que garante essa liberdade e proíbe toda

---

39. Hughes van Groot, conhecido pelo nome de Grotius (1583-1645), jurisconsulto e diplomata holandês, autor especialmente de *Do direito da paz e da guerra* (*De jure pacis et belli*, 1665), código de direito internacional.
40. Skinner, op. cit., p. 153.
41. Samuel Pufendorf (1632-94) havia exposto sua teoria do contrato no *Direito de natureza e dos povos* (*Jus naturae et gentium*, 1672). Skinner, op. cit., p. 347.

transferência da liberdade ou da propriedade de um homem a outro. Ao exigir, pela lei natural, que o homem trabalhe e adquira a propriedade, Deus zela para que o homem cumpra seu desígnio. A análise lockeana da propriedade explica os diferentes tipos de propriedade, incluindo-se o desenvolvimento do comércio; ela refuta ao mesmo tempo a teoria de Grotius e a de Filmer, e é incompatível com o absolutismo.⁴²

A teoria do governo e da sociedade civil

A sociedade civil que os homens fundam por um contrato pode ser de diferentes tipos, mas sua única finalidade é garantir a liberdade dos indivíduos e, portanto, sua propriedade. Isso já estava claramente expresso no *Primeiro tratado*, no qual Locke afirmava que um governo devia preservar os direitos e a propriedade de cada um e trabalhar para o bem comum (1T92-93). Na sociedade civil, cada homem abandonou o poder que possuía no estado de natureza e que lhe permitia punir as infrações à lei natural, mais precisamente à sua propriedade. Esse poder, ele o transfere à comunidade. É ela, agora, que detém o poder de julgar, de forma imparcial, por meio de regras ou leis, os conflitos entre indivíduos. Locke marca claramente a continuidade entre o estado de natureza e a sociedade civil, fundada sobre a posição central do bem comum:

> O *poder político* é aquele poder que cada homem possuía no estado de natureza e entregou às mãos da sociedade [...]. Como o *fim e a medida* desse poder, quando estava nas mãos de cada um dos homens no estado de natureza, era a preservação de todos os membros de sua

---

42. Ian Harris, op. cit., p. 230.

sociedade, isto é, de toda a humanidade em geral, ele não pode ter outro *fim ou medida*, ao passar para as mãos dos magistrados, que não o de preservar as vidas, liberdades e posses dos membros dessa sociedade. (2T171)

Assim, a sociedade civil pressupõe um conjunto de leis e de instituições às quais os indivíduos podem apelar para reparar eventuais injustiças.[43] Aqueles que não estão associados por um tal sistema, ou que não possuem esse conjunto de procedimentos e instituições, não fazem parte de uma sociedade civil. Encontra-se aí a diferença entre a sociedade civil e o estado de natureza. O juiz dessas ações e diferendos é o poder legislativo – ou os magistrados por ele nomeados – e é ele que garante a existência da sociedade civil. Sem poder legislativo, os homens permanecem ainda em estado de natureza (2T87, 2T89).

Essa análise do governo e das origens da sociedade civil ou política (os dois termos são equivalentes para Locke) dá o remate final à contestação crítica do absolutismo. A sociedade civil, explica Locke, é totalmente incompatível com uma monarquia de tipo absoluto. Nesse tipo de governo, como o rei concentra em sua pessoa os poderes legislativo e executivo, não existe nenhuma instituição à qual um indivíduo possa apelar em caso de litígio com ele. No pensamento de Locke, um indivíduo tem o direito de trazer um assunto perante um juiz em todos os casos, incluindo-se, evidentemente, o caso em que o príncipe está diretamente em causa:

---

43. Daí nasce a definição lockeana do poder político: "Considero então o *poder político* como um *direito* de estabelecer leis com penalidades de morte e, conseqüentemente, com todas as penalidades menores, para regular e preservar a propriedade, e de empregar a força da comunidade na execução dessas leis e em defesa da república contra os ataques dos estrangeiros, e tudo isso apenas em vista do bem público" (2T3).

> É portanto evidente que a *monarquia absoluta*, que alguns homens contam como o único governo no mundo, é na verdade *inconsistente com a sociedade civil*, e por isso não pode ser em nenhum sentido uma forma de governo. Pois, como o *fim da sociedade civil* é evitar e remediar as inconveniências do estado de natureza que necessariamente se seguem do fato de que cada homem é juiz em sua própria causa, estabelecendo uma autoridade reconhecida à qual cada um naquela sociedade pode apelar quando for vítima de uma injustiça ou se envolver em uma controvérsia, e que todos na sociedade devem obedecer. Em todas as partes em que haja pessoas que não disponham de uma tal autoridade a quem dirigir seus apelos para a decisão de quaisquer desacordos entre elas, essas pessoas estão ainda no *estado de natureza*. E na mesma situação está todo *príncipe absoluto* em relação aos que estão sob seu *domínio*. (2T90)

Resulta naturalmente dessa análise que o poder legislativo é o mais importante na sociedade civil ("o poder supremo", diz Locke em várias ocasiões, 2T132, 2T150), pois todo indivíduo deve estar submetido às leis que esse poder promulga. A conseqüência é de absoluta importância, e Locke volta a ela muitas vezes. Ela determina o princípio do governo, mas sua forma pode variar (2T132), desde que se respeite o princípio que exige que o legislativo esteja no cume da sociedade civil.

A obrigação de trabalhar permanentemente pelo bem comum, decorrente, como vimos, da lei natural, perdura na sociedade civil, e o governo não pode em nenhum caso sobrepor-se a essa injunção. Nesse sentido, a superioridade atribuída ao governo sobre os indivíduos em conseqüência do abandono de seus direitos está severamente limitada, e não corresponde de maneira alguma a um abandono de soberania. O que os homens aspiram na sociedade civil é uma melhor salvaguarda de sua liberdade e de sua propriedade, e não qualquer alienação do estatuto que possuíam no estado de natureza. A sociedade civil, por sua vez, corrige os defeitos do estado de natureza, prolonga-o e o aperfeiçoa (2T131, 2T124-126). E aquele que detém o poder legislativo deve simplesmente velar pelo bem comum, dentro do estrito respeito às leis públicas.

A lei, explica Locke, não visa limitar a liberdade do indivíduo, mas contribui, ao contrário, para a felicidade dos homens; ela é uma proteção:

> Pois a *lei*, em seu mais verdadeiro sentido, não é tanto a limitação, mas muito mais a *direção de um agente livre e inteligente* no sentido de seu próprio interesse, e só prescreve na medida em que isso for pelo bem geral daqueles que lhe estão submetidos. (2T57)

O sistema de leis prolonga a lei natural porque atua, segundo a razão, no sentido da liberdade dos indivíduos e do bem comum. Em todos os pontos de sua argumentação, Locke reitera essa condição de que a sociedade civil deve atuar na direção do bem comum. O direito não restringe a liberdade; ao contrário, abrandando as deficiências do estado de natureza, garante, conserva e incrementa essa própria liberdade. Locke, em total oposição a Filmer nesse ponto, mostra que a liberdade é racionalmente ordenada, submissa às leis e não depende minimamente do poder absoluto (e arbitrário) de um monarca. A liberdade do indivíduo dá todo seu sentido à sociedade civil e a justifica.

Todo justo poder extrai sua única legitimidade do consentimento de cada um, da liberdade que confere, e de sua conformidade ao bem comum. Nesse sentido, mesmo se proteger a propriedade, o poder é distinto dela. É verdade que o objetivo da sociedade civil é preservar a propriedade, mas seu fundamento repousa sobre o consentimento de cada um. Locke refuta no *Primeiro tratado* a posição de Filmer que atribui a Adão, ao mesmo tempo que a propriedade, o poder sobre todas as coisas. No *Segundo tratado*, ao afirmar a ligação entre o consentimento dos indivíduos e o fundamento da sociedade civil, Locke assinala claramente a autonomia do poder em relação à propriedade, isto é, a autonomia moral da esfera política.[44]

É no *Segundo tratado* que Locke aborda de forma mais precisa a questão da natureza dos diferentes poderes. Ele distingue três tipos de poderes na sociedade civil. O mais importante, o legislativo, promulga as leis e zela por sua aplicação. O executivo serve de suplente à ausência do legislativo, que não pode estar em sessão todo tempo, e zela pela execução das leis. O poder "federativo", por fim, detém o poder de fazer a paz ou a guerra, de selar alianças com outras instâncias fora da "república".

O poder legislativo, caução da sociedade civil, pode ser conferido a uma ou mais pessoas, mas não pode em nenhum caso ser arbitrário, pois é a emanação daqueles que se constituíram em sociedade civil.[45] Ele deve respeitar as leis e não pode afastar-se delas, pois a obrigação de justiça é primordial.[46] Ele preserva a propriedade de cada um e não tem nenhum direito sobre ela.[47] Por fim, o legislativo

---

44. Richard Ashcraft, "Locke's Political Philosophy", in Chappell (ed.), *The Cambridge Companion to Locke*, Cambridge, Cambridge University Press, 1994, p. 241.
45. Como ninguém pode transferir mais poder do que ele mesmo possui, e como ninguém, no estado de natureza, tem poder absoluto, resulta que o poder legislativo não pode ser absoluto.
46. Vê-se então que a lei orienta ao mesmo tempo o comportamento individual e o exercício do governo.
47. Há aí algo como uma crítica das constantes sangrias do orçamento do reino realizadas pelos reis da Inglaterra no decorrer do século XVII para fazer a guerra; se é legítimo recolher impostos, diz Locke, estes devem estar submetidos à concordância do povo ou de seus representantes.

não pode alienar sua autoridade a uma outra instância, pois ele só detém essa autoridade porque a comunidade de indivíduos que compõem a sociedade civil lhe transferiu seu poder.

Em conseqüência, para Locke, um governo em que o poder esteja depositado em uma assembléia eleita está mais apto a preservar a liberdade e a propriedade dos indivíduos. Sem chegarmos ao ponto de fazer de Locke o inventor do regime parlamentar, pode-se sustentar que os *Dois tratados* são também uma petição para o respeito ao Parlamento, em uma época em que Carlos II se recusava a convocá-lo.[48]

O poder executivo, como seu nome indica, existe apenas para executar as leis e zelar por sua aplicação. Ocasionalmente ele pode atenuar a severidade das leis, e dispõe de um direito de perdão (2T11, 2T159):

> Pois, como *o fim do governo* é a preservação de todos, sejam quantos forem, deve-se poupar até mesmo os culpados, nos casos em que isso não resulte em prejuízo para os inocentes. (2T159)

Assim, Locke define a "prerrogativa" do príncipe como "o poder de agir de forma discricionária em vista do bem público sem que isso lhe tenha sido prescrito pela lei, e até mesmo em oposição à ela" (2T160). O príncipe pode remediar os defeitos e a lentidão da lei, mas sempre tendo em vista o bem comum e sua preservação. Pode ocorrer que as leis não tenham previsto ou sejam muito lentas em prever certas ações; nesse caso, o exercício pelo príncipe de sua prerrogativa é necessário para a boa condução da sociedade civil – Locke vê excelentes exemplos disso na

---

48. Richard Ashcraft, op. cit., p. 238.

história da Inglaterra (2T165). A prerrogativa é, então, a liberdade que o povo concorda em dar ao príncipe para que este possa agir fora das leis, às vezes até mesmo contra elas, sob uma única condição: "*a prerrogativa nada mais é que o poder de realizar o bem público sem uma regra*" (2T166).

Todo poder tem seus limites, e a comunidade conserva permanentemente um direito de supervisão e controle sobre ele. Cada vez que ele atenta contra a liberdade ou a propriedade dos homens, a comunidade pode derrubar os que atacam "a lei fundamental, sagrada e inalterável *da conservação de si mesmos*, que foi o motivo de sua associação" (2T149). Assim como a conservação de si mesmo está na base da lei natural, do mesmo modo a sociedade política deve conservar esses preceitos. Como a preservação de si mesmo está inscrita no desígnio de Deus, ela deve figurar entre as prioridades da sociedade civil.

Chega-se assim à tese capital dos *Dois tratados sobre o governo civil*: "é legítimo ao povo, em alguns casos, *resistir* a seu rei" (2T232).[49] A comunidade delega seu poder a um governo que pode infringir as leis promulgadas; o povo conserva o direito de retirar desse governo a confiança e a delegação que lhe havia outorgado. Se o legislativo ou o executivo utilizam a força sem autoridade, eles se colocam em estado de guerra em relação à comunidade, e podem portanto ser tratados segundo as regras do estado de guerra, isto é, que à força é necessário opor a força (2T155). O caso fica particularmente claro se houver usurpação do poder (2T197-198), ou, mais ainda, tirania, isto é, "*o exercício do poder para além do direito*" (2T199).

Nesse caso o governo – seja ele monarquia, república ou outro – substitui a lei por sua própria vontade e não

---

49. Cf. John Dunn, *Locke*, op. cit., p. 28; Richard Ashcraft, op. cit., p. 226.

mais trabalha em prol da conservação do bem comum e dos indivíduos, e sim para a satisfação de suas próprias paixões. É interessante notar que Locke cita em favor de sua análise o rei Jaime I, que estabeleceu a diferença entre um rei e um tirano:

> Um faz das leis os limites de seu poder, e o bem do público o fim de seu governo; o outro submete tudo a sua própria vontade e apetite. (2T200)

De toda a concepção que Locke oferece sobre a natureza do governo, de seus fins que buscam preservar o bem comum, decorre naturalmente que, se o governo ultrapassar suas atribuições, é justo que os indivíduos se oponham a ele. Como nota Harris, os dois *Tratados sobre o governo civil* mostram, contra Filmer e os defensores do absolutismo, que opor-se a um governo não é o mesmo que opor-se aos poderes conferidos por Deus, mas, ao contrário, significa resistir àqueles que negam o desígnio de Deus e puni-los segundo a lei natural, que é a lei de Deus.[50]

Locke é muito cuidadoso ao distinguir entre a dissolução da sociedade civil e a dissolução do governo. A sociedade civil só se dissolve pela ruptura do acordo que unia os homens entre si, e essa dissolução sobrévem geralmente no caso de conquista, ao passo que o governo pode ser dissolvido sem que a sociedade civil seja afetada.

Locke examina diversos casos em que o governo pode ser considerado como tendo se dissolvido. Por um ato de força do príncipe, pode ser que o legislativo seja alterado, que o príncipe impeça o correto funcionamento do legislativo, que o princípio das eleições seja modificado, que o príncipe ponha o povo sob a autoridade de uma potência

---

50. Ian Harris, op. cit., p. 249.

estrangeira⁵¹, que o príncipe, por fim, deserte suas funções (a exemplo de Jaime II em 1688) (2T212-219). Pode haver, de outro lado, uma ruptura do pacto estabelecido com o povo, ruptura da confiança, que, como se viu, está na base da delegação de soberania; o poder (legislativo ou executivo) se apropria, por exemplo, dos bens dos súditos, procura corromper os representantes do povo ou controlar a assembléia. Em todos esses casos, a sociedade pode decidir delegar seu poder a uma outra instância legislativa.

A rebelião não é um ato do povo; ao contrário, o povo resiste à rebelião dos governantes. O direito à revolução nasce, nesse sentido, de uma ruptura do pacto cuja responsabilidade é dos governos, o que os coloca em estado de guerra com seus súditos:

> aqueles que revivem o uso da força em oposição às leis agem de forma a *rebellare*, isto é, a trazer de volta o estado de natureza, e são eles propriamente os rebeldes. (2T226)

Locke é bastante preciso: em todos esses casos, "os que são culpados *são culpados de rebelião*" (2T227).

Assim, o direito de resistência na sociedade civil está de acordo em todos os pontos com a lei natural, pois a preservação do indivíduo, de sua liberdade, de sua propriedade é a garantia contra todos os atentados dos quais um poder arbitrário ou absoluto poderia se tornar culpado. Esse poder absoluto, ao infringir as leis, vai contra o bem comum, perde sua legitimidade, e o poder retorna então à comunidade, seu ponto de origem:⁵²

---

51. Há aqui traços de todos os fantasmas que viam em um rei católico sobre o trono da Inglaterra a sujeição do reino ao poder do papa.
52. Percebe-se de que modo essa teoria pode ser interpretada no contexto da história inglesa do século XVII, onde as intrigas de Carlos II e, mais tarde,

> Quem quer que use a *força sem direito*, como é o caso de todos que, na sociedade, a usam sem apoio da lei, colocam-se em um *estado de guerra* em relação àqueles contra os quais se servem da força, e, nesse estado, todos os antigos laços são cancelados, todos os outros direitos cessam, e cada qual tem o *direito* de se defender e de *resistir ao agressor*. (2T232)

Toda a argumentação de Locke se apóia em realidades observáveis, e não em uma construção hipotética de como poderia ser a sociedade civil. Locke insiste, por exemplo, em que o estado de natureza existe, que a teoria do consentimento é real, e que também são reais as tiranias e, ainda, a prerrogativa. Isto significa que o argumento da lei natural pode ter conseqüências diretas sobre a política e a economia. Ashcraft mostra que, se relacionarmos a lei natural com a análise do estado de natureza e das origens da propriedade, ela pode "defender ao mesmo tempo uma economia moral do direito de subsistência e os aspectos benéficos de uma sociedade de mercado".[53] A defesa do comércio, ajunta Ashcraft, é uma arma política contra a monarquia absoluta; ela permite justificar a emergência de um regime constitucional e o direito do povo a uma assembléia eleita que tenha poder de reparar as injustiças cometidas.

Interpretar o pensamento político de Locke

Os *Dois tratados sobre o governo civil* foram objeto, depois da década de 1960, de uma considerável literatura

---

de Jaime II, podem ser consideradas como uma ruptura do contrato firmado com o povo. O direito de resistência ao rei fica com isso legitimado. Isso não quer dizer que se deva ler a doutrina do direito de resistência como uma descrição da situação política do fim do século, mas antes que ela oferece uma solução a problemas práticos e teóricos surgidos nessa ocasião.

53. Richard Ashcraft, op. cit., p. 250.

crítica. Como Locke não ofereceu um sistema logicamente organizado e sim uma série de análises, os comentadores têm se sentido à vontade para insistir sobre tal ou tal aspecto do texto, produzindo versões contrastantes da "teoria lockeana". Lembro brevemente algumas dessas interpretações, pois a história de sua análise também faz parte do texto de Locke.[54]

Uma das grandes correntes da interpretação moderna é de inspiração marxista, ilustrada, por exemplo, pelo livro *A teoria política do individualismo possessivo*, publicado em 1962 pelo cientista político C. B. Macpherson, que privilegia a teoria da propriedade. Segundo esse autor, Locke busca justificar nos *Dois tratados sobre o governo civil* a propriedade privada e a apropriação ilimitada no contexto do capitalismo nascente. Locke justificaria a propriedade pela lei natural e sugeriria a seguir como os limites impostos por esta podem ser ultrapassados, pela apropriação e pelo dinheiro que encoraja a acumulação.

Essa análise não leva em conta os aspectos limitativos da propriedade e da acumulação, que estão, entretanto, claramente identificados por Locke na primeira e na segunda partes.

Numerosos autores se alinham a Macpherson. Assim, David McNally, considerando que à época de Locke o capitalismo manifestamente não está em uma fase histórica de acumulação ilimitada, propõe-se a rever a teoria de Locke no contexto de um reexame da emergência do capitalismo. McNally insiste na transformação do comércio e da economia agrária para mostrar que a visão lockeana da economia é de tipo capitalista agrário, em que o papel principal é

---

54. Não me proponho aqui a resumir todas as tradições interpretativas do pensamento de Locke – outras indicações podem ser encontradas na Bibliografia –, mas simplesmente indicar a diversidade das opiniões que Locke foi capaz de produzir entre os comentadores recentes.

reservado ao proprietário fundiário.⁵⁵ Nas interpretações marxistas, Locke é considerado um representante, até mesmo o porta-voz, dos interesses dominantes dos *whigs*.

Oposta a essa tradição, uma corrente de análise busca na teoria política de Locke o fundamento da doutrina liberal ou, ainda, a defesa do sistema parlamentar. Essa interpretação pode se apresentar da seguinte forma:

> A obra de Locke será considerada [...] um exemplo de teoria política liberal, e será estudada para determinar se ela apresenta uma solução adequada aos problemas com que se confrontam as teorias liberais.⁵⁶

Aqui, o acento recai sobre as relações entre o indivíduo e o grupo do qual ele faz parte, entre o indivíduo e a comunidade. Os liberais buscam em Locke uma solução para o problema do equilíbrio entre os direitos do indivíduo e os da comunidade, e dos deveres daquele para com esta (uma ligação claramente estabelecida por Locke desde o estado de natureza; ver, por exemplo, 2T6). O que os proponentes dessa análise também pesquisam em Locke são as premissas ou condições mínimas de uma sociedade política, isto é, eles se inspiram no pensamento de Locke para responder a preocupações contemporâneas.

A questão de saber se Locke é efetivamente um defensor do liberalismo não obtém o acordo de todos os comentadores, tampouco a maneira pela qual se deveria considerar seu "liberalismo".⁵⁷ Para responder à indagação liberal,

---

55. David McNally, *Political Economy and the Rise of Capitalism*, University of California Press, 1988.
56. Ruth W. Grant, *John Locke's Liberalism*, Chicago, Chicago University Press, 1987, p. 11.
57. Cf. Richard Ashcraft, *Revolutionary Politics*, op. cit., ou igualmente *Locke's Two Treatises*, op. cit., p. 265: "O pensamento de Locke exprime

esta interpretação de Locke tem de torná-lo paladino de um sistema de governo que não existia em sua época e que não poderia, portanto, corresponder à realidade do texto.[58] Ao insistir sobre o direito de cada homem à conservação de si mesmo como premissa do *Segundo tratado*, e ao colocar em primeiro plano os direitos e deveres dos homens, essa análise corre o risco de ser muito abstrata ao se pretender universalista e de esquecer as pressões históricas com as quais Locke estava confrontado.

O fato de Locke inspirar a reflexão política dá testemunho da vitalidade de seu pensamento; que essas análises, por outro lado, forneçam uma interpretação legítima da teoria de Locke é mais questionável. É preciso opor aqui dois modos de considerar o pensamento de Locke e, de forma geral, a história da filosofia: ou ela é analisada de um ponto de vista "histórico", e dificilmente Locke poderá ser considerado o teórico de um regime político que não existia em sua época, ou então pergunta-se sobre a influência filosófica dos debates inaugurados por Locke, e não se poderá deixar de constatar que suas análises são pertinentes para certas correntes da teoria política, incluídas as do final do século XX. A importância do filósofo também reside no fato de que ele desenvolve uma argumentação que, apesar de historicamente determinada, abre fecundas perspectivas ao pensamento.

A clássica análise de John Dunn mostrou que toda a demonstração dos *Dois tratados sobre o governo civil* estava impregnada de pensamento religioso, particularmente dos preceitos do *Novo testamento*. Para Dunn,

---

a tensão, no seio do liberalismo considerado como uma teoria da sociedade, entre suas reivindicações universalistas de igualdade moral e religiosa (liberdade, igualdade, fraternidade), e sua instrumentação dos seres humanos como fazendo parte do processo de acumulação capitalista".

58. Clark, op. cit., p. 45-6.

Locke procura justificar o direito de resistir em certas circunstâncias, mas é essencial para compreender sua política não esquecer a dimensão religiosa, e, em especial, não ver na teoria do trabalho como fundamento da propriedade uma simples engrenagem do sistema capitalista, e sim um elemento central na doutrina calvinista da vocação do homem.[59]

Os deveres do homem não podem ser compreendidos senão nessa perspectiva, e suas realizações devem ser julgadas pela medida de sua vocação. Nesse sentido, para Dunn, mesmo que haja uma ambigüidade em torno, especialmente, da noção de trabalho[60], Locke não é o defensor incondicional do comerciante. O individualismo que ele defende repousa sobre a relação individual que une o homem a Deus, e é sobre essa base que cada homem participa da sociedade política. A relação do homem com Deus lhe permite elevar-se acima das coerções sociais, julgar o mundo e agir.[61] Assim, para Dunn, o estado de natureza é totalmente desprovido de conteúdo empírico; ele o interpreta como um axioma de teologia, porque o estado de natureza situa o homem no centro do desígnio de Deus.[62] Do mesmo modo, ele considera que, ao criticar Filmer, Locke substitui a doutrina de estruturas sociais eternas estabelecidas por Deus pela valorização dos deveres individuais dos homens.[63]

Por causa do grau de abstração que ela confere ao pensamento de Locke, e por causa também de uma tendência a

---

59. John Dunn, op. cit., p. 251.
60. A obrigação de trabalhar pode ser considerada uma injunção que conduz à acumulação ilimitada de capital ou um dever religioso do homem.
61. Ibid., p. 261.
62. Ibid., p. 103.
63. Ian Harris não está muito distante da posição de Dunn: ele insiste na relação entre o poder político e o poder eclesiástico, central, a seu ver, na teoria de Locke.

fazer desse texto como que um prolongamento do pensamento *whig*, a análise de Dunn é suscetível a críticas, especialmente de Richard Ashcraft. Em dois livros importantes[64], Ashcraft relaciona o pensamento de Locke e o contexto histórico e intelectual de sua época. Sua análise, que se apóia em numerosos textos políticos do fim do século XVII, visa refutar a abstração da interpretação de Dunn: Locke não é, segundo ele, um simples moralista, mas antes um filósofo de certa forma engajado, próximo ao ramo mais radical dos *whigs*. A filosofia da lei natural não é, por exemplo, uma simples construção abstrata, mas um meio de analisar e criticar a sociedade da segunda metade do século XVII.[65]

Em termos mais profundos, Ashcraft contesta a idéia de que os *Dois tratados sobre o governo civil* seriam um resumo da doutrina *whig*, e defende a idéia de um texto fortemente subversivo. Essa é a razão pela qual ele não foi aceito quando de seu aparecimento mas, ao contrário, atacado. Esse texto, explica Ashcraft, não se dirige à aristocracia e aos proprietários rurais, e sim aos negociantes, comerciantes, artesãos, que formam a base social de uma teoria política radical no século XVII.[66]

É a linguagem de Shaftesbury, e não a linguagem dos *whigs* que Locke fala, isto é, uma linguagem que não é a da maioria *whig*, mas antes de sua franja mais radical, nutrida de não-conformismo protestante e de resistência ao poder eclesiástico da Igreja da Inglaterra. Mais ainda, Locke redescobre em sua análise do poder político, segundo Ashcraft, os argumentos dos niveladores (*levellers*); como estes, ele postula que o poder político é um direito

---

64. Richard Ashcraft, *Revolutionary Politics*, op. cit., e *Locke's* Two Treatises, op. cit.
65. Richard Ashcraft, *Revolutionary Politics*, op. cit., p. 272-3.
66. Ibid., p. 579.

original e repousa sobre a razão compartilhada por todos os homens. O fato de que Locke publica os *Dois tratados sobre o governo civil* sem nome de autor ajuda Ashcraft em sua análise de um Locke cujo pensamento seria radicalmente subversivo. A diversidade das interpretações do pensamento lockeano mostra também, por sua constante evolução, quão grande é a vitalidade desse pensamento. No alcance que devemos lhe atribuir, é preciso insistir sobre a relação entre as análises da propriedade e a sua conservação, que o governo deve garantir, e sobre o contexto histórico no qual Locke escreve.

Ao mostrar que o que está em jogo, na análise lockeana da propriedade, não é a defesa dos grandes proprietários rurais, mas antes a reivindicação da liberdade dos *dissenters* e de outros radicais atacados pelo regime de Carlos II, Ashcraft e os comentadores que o acompanham dão a esse texto uma dimensão subversiva que ele não tinha até então. Do mesmo modo que não se pode considerar monolítico o partido *whig*, não se pode caracterizar muito apressadamente o pensamento político de Locke como uma defesa do capitalismo, da monarquia liberal, ou do partido *whig*. Ao contrário, é à complexidade dos *Dois tratados sobre o governo civil* que essas leituras e essas interpretações devem tornar-nos sensíveis.[67]

---

67. Encontrar-se-ão em Richard Ashcraft (ed.), *John Locke: Critical Assessments*, Londres, Routledge, 1991, numerosos artigos que testemunham a riqueza da literatura crítica acerca de Locke, e em James Tully, *An Approach to Political Philosophy: Locke in Contexts*, Cambridge, Cambridge University Press, 1993, ecos de certas discussões, em particular sobre o conceito de propriedade.

2
A tolerância

A *Carta sobre a tolerância*, redigida por Locke em latim em 1685 e dirigida a seu amigo Philip von Limborch, então exilado em Amsterdã, foi publicada anonimamente, primeiro na Holanda, depois na Inglaterra na tradução de William Popple, em 1689. Ela foi à mesma época traduzida e publicada na França.

A *Carta*, o mais célebre dos textos de Locke sobre a tolerância, prolonga e transforma a reflexão iniciada vinte anos antes com o *Ensaio sobre a tolerância* (1667), que marcou uma primeira ruptura com as teses apresentadas nos *Dois panfletos sobre o governo* (1660-62).[1] Nela Locke afirma a futilidade da coerção em matéria de religião e define o papel e a extensão do poder do magistrado, que não pode em nenhum caso interferir no domínio das opiniões "especulativas" – isto é, que dizem respeito à crença, aos dogmas e à prática religiosa. As outras opiniões dos homens (opiniões "práticas") devem ser toleradas, desde que não entravem o bom funcionamento do Estado. Só os católicos estão excluídos desse direito de tolerância, pois

---

1. Após a publicação da *Carta*, uma polêmica se desencadeou entre Locke e o capelão do All Souls College, em Oxford, que resultou na publicação por Locke de três outras cartas entre 1690 e 1704, que têm um valor mais polêmico que a primeira.

eles são suscetíveis de obedecer mais ao papa que às leis de seu Estado.

Ao passo que nos *Dois panfletos* Locke afirmava que os súditos devem obediência ao monarca absoluto, até mesmo no domínio das crenças, com o *Ensaio sobre a tolerância* Locke começa a limitar o poder do príncipe, e este não pode mais intervir nos assuntos individuais dos homens. Mais precisamente, um homem pode seguir suas crenças e agir de acordo com elas ainda que essas crenças sejam contrárias às leis do príncipe. Locke começa por justificar a desobediência dos súditos em matéria de religião, sua resistência passiva, e, no contexto em que escreve, toma a defesa dos *dissenters*. A força, escreve Locke, não conduzirá jamais as crenças dos homens a uma religião à qual não aderem. E o texto do *Ensaio sobre a tolerância* conclui com uma lista de sete razões pelas quais a uniformidade em matéria de religião seria uma coisa perigosa.

A *Carta sobre a tolerância*[2] amplia essas conclusões e define a tolerância como "a principal característica da verdadeira Igreja" (p. 1). Mas ela vai muito além disso, pois a análise da tolerância, em conformidade ao Evangelho e à verdadeira razão da humanidade, conduz Locke a defender uma verdadeira separação entre Igreja e Estado:

> Considero necessário, acima de tudo, distinguir exatamente entre os assuntos do governo civil e os da religião, e estabelecer os justos limites entre um e outro. (p. 2)

---

2. De fato, dois textos precedem a reflexão de Locke: um panfleto anônimo, provavelmente escrito por Locke e Shaftesbury em 1675, intitulado *A Letter from a Person of Quality to his Friend in the Country*, no qual os autores insistem sobre os limites do poder do monarca, e desenvolvem a idéia de resistência passiva dos súditos que, nesse texto, pode tornar-se ativa. Outro panfleto, jamais publicado, escrito com James Tyrell, responde a ataques formulados contra os *dissenters* por Edward Stillingfleet. Para mais detalhes, ver Richard Ashcraft, *Revolutionary Politics...*, op. cit., p. 490-7.

Nesse sentido, a *Carta sobre a tolerância* compartilha uma grande unidade de propósitos com os *Dois tratados sobre o governo civil*. Locke retoma os termos que utilizou nos *Dois tratados* para analisar os deveres do magistrado:

> É fácil entender para qual finalidade o poder legislativo deve estar dirigido, e por quais medidas regulado, a saber, o bem temporal e a prosperidade exterior da sociedade, que são a única razão pela qual os homens entram em sociedade e a única coisa que almejam e buscam nela. (p. 16)

A questão da religião, isto é, da salvação de cada um, não entra absolutamente no conjunto das competências transferidas pelos homens à sociedade civil, cada homem devendo agir nesse domínio segundo sua consciência, e obedecer a Deus acima de tudo, e, em segundo lugar, apenas às leis (p. 16-7). A ligação direta entre Deus e o homem está fora da jurisdição da sociedade civil, fora da influência de qualquer governo.

A ação do governo, observa inicialmente Locke, não tem efeito sobre a crença religiosa, pois esta não é fruto da vontade do indivíduo: os homens não podem delegar a questão de sua salvação ao príncipe; além disso, o poder de um magistrado repousa sobre a força e não sobre a persuasão do espírito, que é a única garantia da verdadeira religião. Mesmo se as leis pudessem forçar os homens a mudar de religião, eles não poderiam deixar sua salvação ao acaso da religião imposta pelo país em que nasceram (p. 3-4). Nenhuma força, portanto nenhum poder, pode impor a um homem sua religião. A liberdade de consciência do homem é independente da autoridade política da sociedade civil, e faz parte de seus direitos naturais. Como a lei natural garante a liberdade de consciência, nenhuma lei humana poderá regulamentá-la.³ E a igualdade absoluta de todos é o fundamento dessa concepção, reafirmada nas últimas palavras do texto:

> A súmula de tudo que estamos propondo é que cada homem possa gozar dos mesmos direitos que são concedidos a outro. (p. 19)

Toda postura contrária impõe o uso da força. Face a um governo ou uma Igreja desejosos de impor a unidade de crença, o uniformismo, não restará ao indivíduo senão um último recurso:

> Que mais se pode esperar a não ser que esses homens, cansando-se dos males sob os quais labutam, acabem por julgar que lhes·é legítimo resistir à força pela força e defender seus direitos naturais (que não podem ser-lhes retirados por razões religiosas) por todos os meios que puderem? (p. 21)

Como nos *Dois tratados sobre o governo civil*, o dever de resistência fica justificado quando o magistrado não cumpre seus deveres. Essa resistência não é em si mesma uma rebelião contra a sociedade civil, mas uma reação legítima à rebelião do magistrado que excedeu seu direito, com o objetivo de preservar a liberdade inalienável dos indivíduos.

Locke mostra por que é preciso separar claramente a Igreja do Estado. O que as leis de uma sociedade civil autorizam não pode ser proibido por uma Igreja; o que as leis da sociedade civil autorizam na vida ordinária das pessoas, não pode lhes ser proibido na prática religiosa;

---

3. Essa concepção é muito próxima da dos *whigs* radicais do círculo de Locke. Ver Richard Ashcraft, *Revolutionary Politics...*, op. cit., p. 500-1.

o que as leis da sociedade civil proíbem não pode ser autorizado por uma Igreja (p. 12-3). Além disso, não pode haver nenhuma preeminência de uma Igreja sobre outra; a todos aqueles que quiseram fazer da Igreja da Inglaterra a única fiadora da religião, Locke responde que um magistrado não pode em nenhum caso considerar "a Igreja do rei" diferentemente das outras congregações. É portanto igualmente fútil querer impor uma religião. De todos esses argumentos, Locke deduz a necessidade da tolerância e vê em seu oposto, que ele combate violentamente, a causa de todas as guerras. A diversidade das crenças e das igrejas, ao contrário, garante a paz:

> Não é a diversidade de opiniões (que não pode ser evitada), mas a recusa de tolerância (que poderia ter sido concedida) para com aqueles que têm uma opinião diferente que produziu todos os alvoroços e guerras que ocorreram no mundo cristão por causa de religião. (p. 20)

No século seguinte, Voltaire ainda presta homenagem, em seu *Tratado da tolerância*, ao "sábio Locke", e lhe faz eco:

> Essa tolerância jamais provocou guerras civis; a intolerância cobriu a terra de carnificinas.[4]

Os principais pontos da *Carta sobre a tolerância* apresentam, assim, um argumento filosófico em favor da liberdade de consciência no contexto da sociedade civil. As questões de religião não podem jamais fazer parte da esfera da lei, e, pensando acima de tudo nos *dissenters*, Locke lembra que todas as igrejas devem ser igualmente toleradas.

---

4. Voltaire, *Traité sur la tolérance à l'occasion de la mort de Jean Calas (1763)*, Paris, Gallimard, 1961, p. 580 (Bibliothèque de la Pléiade).

Esse texto pode também ser lido como uma defesa racional dos *dissenters* diante do uniformismo da Igreja Anglicana aliada ao poder monárquico.

No início de seu reinado, Carlos II tentou defender a tolerância com relação aos *dissenters* e aos católicos. Mas a Igreja Anglicana contra-atacou, e em 1664-65 um conjunto de leis promulgadas pelo Parlamento coibiu os cultos não-anglicanos: foram proibidos os serviços religiosos que não os da Igreja da Inglaterra, e os pastores não-conformistas foram impedidos de morar a menos de 5 milhas das cidades (a base dos *dissenters* estava essencialmente constituída pela população urbana). Em lugar de instaurar a desejada uniformização, essas leis reforçaram a dissidência, e as perseguições contra os *dissenters* se avolumaram ao longo da década de 1670.

O primeiro *Ensaio sobre a tolerância* já se inscreve, portanto, em um contexto de defesa dos direitos dos *dissenters*, pois defende a liberdade de crença, mesmo quando não for a crença do príncipe. Em 1672 Carlos II promulgou uma outra declaração de indulgência que suspendia essas leis repressivas – declaração saudada por Shaftesbury e Locke como uma sábia utilização da prerrogativa real. Mas essa política de Carlos II foi um fracasso, e um ano mais tarde a aliança da Igreja da Inglaterra com a coroa estava selada contra os *dissenters*. Foi nesses anos que começou a aparecer, nos trabalhos de Locke, a doutrina da resistência armada ao poder do príncipe. Esses foram igualmente anos de ativismo político para os amigos de Locke, principalmente Shaftesbury, exilado na Holanda em conseqüência do Rye House Plot, considerado pelo poder como um complô para subverter o regime. A crise da Exclusão, bem como a revogação do Édito de Nantes na França, fizeram aumentar a tensão. Além disso, a rebelião do duque de Monmouth (filho ilegítimo de Carlos II), que tentou derrubar Jaime II em 1685, foi apoiada por todos os radicais exilados na Holanda. Ela encarnava a confiança dos *whigs* radicais na luta armada, mas seu fracasso, e a repressão que se seguiu fizeram desaparecer os *dissenters* da cena política durante quase um século. Os esforços de Jaime II para promover uma política mais tolerante foram invariavelmente interpretados como uma defesa do detestável catolicismo.

A chegada de Guilherme de Orange não mudou essencialmente a situação; o Ato de Tolerância que o novo monarca promulgou em 1689 ainda recusava o direito de exercer sua religião aos segmentos dos não-conformistas que não reconheciam a Trindade, bem como aos católicos; e todo o clero devia prestar juramento de obediência. No final do século XVII, a Igreja Anglicana se colocou como responsável pela paz religiosa, tanto contra os católicos como contra os *dissenters*, e a tolerância que Locke defendia permaneceu teórica. A Igreja da Inglaterra soube combater e aniquilar todas as forças religiosas centrífugas cuja ação marcou o século XVII.

Nesse contexto, a análise de Locke constitui ao mesmo tempo uma defesa filosófica, na linha dos *Dois tratados sobre o governo civil*, e uma tomada de posição política muito forte, na contramão do espírito dominante dos regimes que se sucediam.[5] Mais precisamente, os textos sobre a tolerância, e sobretudo a *Carta*, atacavam de forma muito bem argumentada a Igreja da Inglaterra, sua interferência nos assuntos de Estado e sua pretensão uniformista.[6] Durante todo o reinado de Carlos II, este viu no catolicismo, de um lado, e no não-conformismo, de outro,

---

5. Disse-se às vezes que Locke estava próximo dos "latitudinários", os anglicanos que exaltavam uma religião fundada sobre a prática individual. Mas os latitudinários refletiam no interior da Igreja Anglicana, e de modo algum eram favoráveis aos não-conformistas.
6. James Tully, *An Approach...*, op. cit., p. 51.

uma ameaça à vida pública. A defesa dos *dissenters*, muito minoritários, foi nessa situação um ato político de grande importância, e a tolerância nesse contexto não pode ser considerada como a simples conclusão de uma posição filosófica liberal.[7] Locke redigiu esse texto, no qual renovou, como no *Ensaio sobre a tolerância*, seus ataques contra os católicos[8], no ano em que Jaime II ascendeu ao trono da Inglaterra; isso o situou ainda mais em uma minoria política. Ele só retornaria à Inglaterra após a subida ao trono de Guilherme de Orange.

Portanto, a coerência do propósito de Locke com os *Dois tratados sobre o governo civil* é total, já que tanto aqui como lá tratava-se de circunscrever o exercício do poder político, e de fazer do indivíduo a garantia da integridade da sociedade civil. A defesa de Locke da liberdade de consciência fazia parte de uma discussão, ainda atual, que, contra a perseguição (religiosa, política), reivindicava, em nome da lei natural, a liberdade e a igualdade de todos perante o poder. Perante o poder, os direitos do indivíduo estão claramente definidos e garantidos: o recurso último frente à intolerância política permanece sendo o indivíduo, cujos direitos e liberdade são inalienáveis.[9]

---

7. Richard Ashcraft, *Revolutionary Politics...*, op. cit., p. 501.
8. Os católicos são de fato diretamente identificáveis como as seitas que agem contra a conservação da sociedade civil, arrogam-se o direito de depor os reis, reivindicam a propriedade sobre todas as coisas e representam uma constante ameaça para o governo.
9. Encontra-se em John A. Simmons, *The Lockean Theory of Rights*, Princeton, Princeton University Press, 1992, a análise mais completa da teoria dos direitos de Locke, em relação não apenas à *Carta sobre a tolerância*, mas a todo seu pensamento político. Simmons vê na teoria dos direitos o fundamento de uma filosofia moral e a unidade da filosofia política de Locke. Ele valoriza o individualismo que caracteriza o pensamento lockeano, situando-se a meio caminho entre as interpretações conservadoras e as radicais.

Locke, em todos seus textos, defende uma concepção da sociedade e do lugar que o indivíduo nela ocupa que outorga aos homens o direito de pensar e de procurar sua salvação, sob a condição de que não prejudiquem o direito dos outros de fazerem o mesmo. É essa defesa que associou e continua a associar o nome de Locke à liberdade e à resistência a todas as tiranias, políticas ou religiosas.[10]

---

10. Cf. Nicholas Jolley, *Locke...*, op. cit., e G. A. J. Rogers, "Locke and the Latitude-Men: Ignorance as a Ground for Toleration", in Kroll, Ashcraft, Zagorin (ed.), *Philosophy, Science and Religion in England 1640-1700*, Cambridge, Cambridge University Press, 1994.

3
As idéias

Para Locke, as idéias constituem a base do pensamento e a matéria-prima do entendimento. Eis como define suas relações:

> Não posso senão admitir mais uma vez que a sensação externa e interna são as únicas passagens pelas quais o conhecimento pode chegar a nosso entendimento. Só as sensações, tanto quanto posso perceber, são a abertura pela qual a luz é admitida nessa *câmara escura*. Pois parece-me que o entendimento não é muito diferente de um cubículo fechado, dotado apenas de uma pequena abertura para deixar entrar as aparências visíveis externas ou idéias das coisas que estão fora. Bastaria que as imagens que entram nessa câmara escura permanecessem lá dentro e se dispusessem ordenadamente de modo a serem encontradas quando necessário, para que houvesse aí uma grande semelhança com o entendimento humano em relação a todos os objetos da visão e suas idéias. (II.11.17)

Essa passagem resume a concepção lockeana dos processos de pensamento. Todo conhecimento tem sua origem na sensação; o entendimento não contém nada além daquilo que lhe é dado por essa via; a impressão das idéias no entendimento se faz sem esforço da parte deste; todas as nossas idéias provêm da experiência, o entendimento organiza a seguir essas idéias.

Na origem do conhecimento encontram-se portanto as idéias, que são como os objetos do pensamento:

> Como esse é um termo que, segundo penso, serve melhor para representar qualquer coisa que seja objeto do entendimento quando um homem pensa, eu o empreguei para expressar tudo o que é significado por *fantasia*, *noção*, *espécie*, ou tudo aquilo a que a mente pode se aplicar no ato de pensar. (Introdução, 8)

Locke sustenta que não podemos ter um conhecimento imediato das coisas, nem chegar a sua essência, mas as conhecemos pela intervenção das idéias. E nosso conhecimento é real apenas na medida em que houver conformidade entre a idéia produzida pelo objeto e sua realidade (IV.4.3).

O emprego da noção de idéia tem uma longa história na filosofia ocidental. Locke, assim como Descartes antes dele, utiliza a palavra "idéia" para designar o objeto do pensamento, isto é, o resultado da operação mental e, ao mesmo tempo, a própria operação mental. Mas as idéias não estão, como em Aristóteles, fundadas na semelhança entre as coisas e o pensamento. Tampouco estão, como em Malebranche, na mente de Deus. Elas são o material do pensamento, presentes ao entendimento, e Locke retoma o usa cartesiano da noção. Mas ele insiste em sua relação com o mundo exterior, não seguindo Descartes, para quem as idéias do intelecto são inatas.

Refutação do inatismo

O primeiro livro do *Ensaio* está consagrado a criticar a teoria segundo a qual as idéias poderiam ser inatas. Já se observou freqüentemente que se trata de uma versão quase caricatural do inatismo, que não corresponde exatamente à doutrina cartesiana, mesmo se em outras passagens do *Ensaio* Descartes seja claramente o alvo de Locke.

A doutrina que Locke combate nessa primeira parte corresponde a uma vulgata muito difundida no século XVII.[1] Para Locke, não há nenhuma noção que esteja gravada em nossa alma e que venha ao mundo conosco. Essa teoria não só é inútil, porque se pode explicar a aquisição das idéias sem fazer uso dela, mas deve ser combatida, pois faz parte dos preconceitos mais comumente admitidos:

> Para convencer leitores não preconceituosos da falsidade dessa suposição, bastaria que eu mostrasse [...] como os homens, pelo mero uso de suas faculdades naturais, podem chegar a todo conhecimento de que dispõem sem a ajuda de quaisquer impressões inatas. (I.1.1)

Encontramos novamente aqui a argumentação do *Primeiro tratado sobre o governo civil*: é em função da concepção que Locke faz da aquisição dos conhecimentos que ele desenvolve sua crítica do inatismo.

Locke refuta os argumentos dos defensores do inatismo dedicando-se de início aos princípios *especulativos*: as crianças e os idiotas não têm nenhum conhecimento desses princípios inatos, e se os inatistas tentam defender-se explicando que os princípios inatos são descobertos pela razão, então não há mais nenhuma necessidade de supor que sejam inatos. A origem das idéias e dos princípios não está em uma propriedade inata, mas na percepção. Mesmo se houvesse princípios universais sobre os quais todos os homens estivessem de acordo, explica Locke, isso não acarretaria de modo algum que eles sejam inatos. A aquiescência

---

1. John W. Yolton, *John Locke and the Way of Ideas*, Oxford, Oxford University Press, 1956, p. 30-48.

imediata a princípios implica precisamente que eles são adquiridos; se fossem inatos, não precisariam ser apresentados ao intelecto, ensinados ou discutidos.

O que vale para os princípios *especulativos* vale ainda mais para os princípios *práticos*. A observação da história humana, a necessidade de raciocinar sobre os princípios práticos, a tendência a seguir as leis da moral por interesse e comodidade, a freqüência com a qual esses princípios morais são aviltados ou rejeitados, as contradições entre os princípios de diferentes nações, são outras tantas razões que fazem que os princípios práticos sejam de fato adquiridos. É a falta de atitude crítica e a incapacidade de considerar sua verdadeira natureza que os fez passar por inatos:

> Se é privilégio dos princípios *inatos* serem aceitos com base em sua própria autoridade, sem nenhum exame, então não sei o que não se poderia acreditar, ou como os princípios de alguém poderiam ser questionados. (I.2.27)

O consentimento universal, tanto em matéria especulativa como em matéria prática, não prova portanto absolutamente a doutrina do inatismo. Mesmo a idéia de Deus, mostra Locke, não é suscetível de ser considerada como inata; ela é, ao contrário, adquirida pela mediação e o uso das faculdades. Eis por que Locke oferece mais adiante no *Ensaio* uma prova da existência de Deus. E se a idéia de Deus não é inata, nenhuma outra pode pretender esse estatuto. As diferenças entre as descobertas dos homens devem-se, portanto, aos diferentes usos que fazem de suas faculdades. Como no caso da filosofia política, é a natureza que funda a análise lockeana. E Locke conclui:

> *quanto nosso conhecimento depende do correto uso dos poderes que a natureza nos conferiu*, e quão pouco dos princípios inatos que futilmente se supõe existir em

toda a humanidade para sua direção; princípios que nenhum homem poderia deixar de conhecer se ali estivessem, pois, caso contrário, não haveria razão para lá estarem; e que, dado que nem todos os homens os conhecem nem podem distingui-los de outras verdades que lhes chegam de fora, podemos muito bem concluir que não existem. (I.3.23)

De um só golpe Locke descarta muitas objeções importantes e inicia a exposição de sua própria teoria. Em dois lugares, particularmente, Locke anuncia qual será sua teoria da aquisição das idéias (I.1.15), e indica que as idéias que estão na mente, mas não são imediatamente percebidas, são o resíduo de uma percepção passada (I.3.21).

A hipótese do inatismo vai contra a concepção que Locke fazia do pensamento: ele recusa que se possa ter idéias sem estar consciente delas, que os princípios ou idéias inatas possam existir sem terem sido até então apreendidas. As idéias das quais não somos diretamente conscientes estão depositadas na memória, não são mais percebidas, desaparecem (II.10.2), mas são idéias que foram antes percebidas, e "sempre que são trazidas à mente são lembradas, isto é, trazem consigo uma percepção de não lhe serem totalmente novas" (I.3.21).

Nesse sentido, a refutação do inatismo decorre não do suposto empirismo de Locke, mas da análise que ele faz da natureza do pensamento.[2]

As idéias simples

Locke distingue entre idéias simples e idéias complexas. Embora as qualidades que afetam os sentidos sejam

---

2. Margaret Atherton, "Locke and the Issue over Inateness", in Chappell, *Locke...*, op. cit., p. 59.

complexas, diz Locke, as idéias que adentram inicialmente nossas mentes são simples e distintas:

> Nada pode ser mais evidente a um homem que a percepção clara e distinta que ele tem dessas idéias simples; as quais, por serem em si mesmas não-compostas, não contêm em si nada além de uma aparência ou concepção uniforme na mente, e não são distinguíveis em diferentes idéias. (II.2.1)

Uma idéia é simples se não for suscetível a nenhuma divisão, se aparecer como uniforme, sem variações ou diferenças; assim, a idéia de brancura ou a idéia de redondez de uma bola de neve são idéias uniformes. As idéias simples são dadas pela experiência, e o critério de simplicidade das idéias depende da forma pela qual são percebidas.

Essas idéias provêm da sensação ou da reflexão. As idéias simples que vêm da reflexão são produzidas quando a mente reflete sobre si mesma, isto é, elas são o produto das operações mentais. As duas operações principais desse tipo, explica Locke, são o pensamento e a vontade:

> O poder de pensar é chamado *entendimento*, e o poder de volição é chamado *vontade*, e esses dois poderes ou capacidades da mente são denominados faculdades. (II.6.2)

Essas idéias da reflexão são posteriores às idéias da sensação, pois Locke considera que todo conhecimento provém dos sentidos.[3]

Se as idéias derivam da sensação, são mecanismos físicos externos que as transmitem ao entendimento. O entendimento, ele próprio, é totalmente passivo na recepção

---

3. Leibniz usa o argumento das idéias de reflexão para sugerir que Locke aceita, apesar de tudo, o inatismo; ver os *Novos ensaios*, Introdução.

dessas idéias simples (II.12.1). O homem pode compor essas idéias, como veremos, mas não pode inventar ou adquirir uma idéia a não ser pela sensação ou reflexão. As idéias simples são produzidas pelas coisas e são necessariamente verdadeiras, pela conformidade ao objeto que as causa. Locke toma o exemplo da solidez, cuja idéia nos é transmitida pelo tato e provém da resistência de uma coisa, isto é, da impossibilidade de que outro corpo ocupe a mesma porção do espaço (II.4.1). Trata-se de uma propriedade da matéria, que diferencia a coisa de um puro espaço. Mas são apenas os sentidos, explica Locke, que permitem conhecer a solidez (II.4.6); fora do que nos ensina a experiência, não é possível ter uma idéia de solidez. Não posso defini-la fora da experiência que tenho dela.

A relação essencial de causalidade entre a coisa e a idéia define a representação que formo de uma coisa, e garante a realidade de meu conhecimento dessa coisa. A *idéia* é o objeto da percepção, e a *qualidade* é a faculdade que uma coisa possui de produzir essa idéia no entendimento (II.8.8). Por exemplo, uma bola de neve provoca as idéias de brancura, de redondez, de frio; consideradas na bola de neve, estas não são idéias mas qualidades. As qualidades são de dois tipos: há, em primeiro lugar, aquelas inseparáveis de um corpo e que, quaisquer que sejam as divisões a que o submetamos, permanecem nesse corpo. Por exemplo, um grão de trigo, dividido ao infinito apresentará sempre, em cada uma de suas partes assim formadas, "*extensão, solidez*, uma certa *figura* e *mobilidade*" (II.8.9). Essas qualidades inseparáveis são, portanto, qualidades *primárias*. As qualidades *secundárias*, ao contrário, não estão presentes nos objetos, mas são simplesmente a faculdade de produzir sensações em nós (cores, sons, etc.), por intermédio das qualidades primárias. A cor, por exemplo, não está presente em um objeto, mas resulta de uma reflexão da luz.

O fundamento dessa teoria física é dado pela teoria corpuscular. Se as coisas produzem idéias em nós, embora nos sejam totalmente exteriores, é porque um imperceptível movimento de partículas nos afeta. Essa teoria, inspirada particularmente por Boyle, permite explicar a maneira pela qual nossa mente é afetada pelo mundo exterior, isto é, a maneira pela qual se formam em nós as idéias:

> Como a extensão, figura, número e movimento de corpos de tamanho observável podem ser percebidos à distância pela vista, é evidente que alguns corpos individualmente imperceptíveis devem chegar a partir deles ao olho e com isso transmitir ao cérebro algum movimento, que produz em nós as idéias que temos deles. (II.8.12)

É nesse sentido que as idéias não podem ser falsas, e estão em conformidade com a realidade exterior. Mais precisamente, diz Locke, as qualidades primárias produzem idéia simples que a elas se assemelham, contrariamente às qualidades secundárias, que produzem igualmente idéias simples, mas que não se assemelham a essas qualidades secundárias. Não há nada no corpo que corresponda à idéia do azul, mas apenas a faculdade de produzir a idéia do azul em nossa mente:

> Nada de semelhante a nossas idéias existe nos próprios corpos. Nos corpos que denominamos a partir delas, essas idéias são apenas um poder de produzir aquelas sensações em nós, e o que é *doce*, *azul* ou *quente* em nossas idéias é apenas uma certa extensão, figura e movimento das partes insensíveis nos próprios corpos que assim denominamos. (II.8.15)

O célebre problema de Molyneux permite precisar o que está em jogo nas distinções propostas por Locke. Molyneux imagina um cego que aprendeu a reconhecer a diferença entre uma esfera e um cubo pelo tato, e pergunta se esse cego, recobrando subitamente a visão, poderia diferenciá-los unicamente pela vista. A resposta de Locke, que segue Molyneux nesse ponto, é negativa, pois o cego não adquiriu a experiência que lhe permita compreender como as coisas afetam sua visão. Para Berkeley, do mesmo modo, as idéias visuais de duas formas distintas são totalmente diferentes das formas táteis dessas mesmas formas, e só a experiência nos permite estabelecer uma ligação entre ambas.

Para Locke, a resposta deveria ter sido positiva. De fato, a idéia visual e a idéia tátil, tendo em comum a qualidade primária de "quadrado" ou de "esfera", devem portanto assemelhar-se a essa qualidade primária, isto é, elas são idênticas sob a relação do quadrado ou da esfera. Um cego deve então poder distinguir entre um quadrado e uma esfera, pois sua visão está afetada pelas qualidades primárias do objeto que indicam seu caráter de quadrado ou de esfera. Por que, então, Locke aceita a resposta de Molyneux? Sem dúvida porque ele deseja insistir sobre a dimensão da experiência no reconhecimento das formas. Para apreender uma forma de três dimensões no espaço, segundo Locke, é preciso que eu tenha experiência dessa apreensão.[4] Toda percepção envolve uma parcela de interpretação que, por mais inconsciente que seja, repousa sobre a experiência.

---

4. Michael Ayers, *Locke: Epistemology and Ontology*, Londres, Routledge, 1991, vol. I, p. 65-6; J. L. Mackie, *Problems from Locke*, Oxford, Oxford University Press, 1976, p. 28-30.

As idéias complexas

Após as idéias simples, Locke examina as idéias complexas, que exigem a intervenção da mente. O entendimento é totalmente passivo na recepção das idéias simples; sua existência não depende em absoluto da atividade do entendimento, que se contenta em recebê-las. As idéias complexas, por sua vez, fazem intervir uma operação da mente. Ao combinar várias idéias simples, o entendimento cria uma idéia complexa. Essa idéia é tomada como um todo, único e composto. Por exemplo, a idéia de bola de neve é formada pelas idéias simples de redondez, de brancura e de frio, e a mente une essas diferentes idéias simples para chegar à idéia complexa de bola de neve. Contrariamente ao que exige a idéia simples de brancura, por exemplo, a idéia complexa de bola de neve implica necessariamente que o entendimento dê um sentido às diferentes idéias simples fazendo delas um todo. Sem uma operação da mente não poderia haver unidade da idéia de bola de neve. É essa operação que faz que eu tenha uma idéia única, e não a simples justaposição das idéias de brancura, de frio e de redondez; o que não quer dizer necessariamente que eu perceba a bola de neve como um objeto único.

A mesma operação do entendimento aparece talvez mais claramente nas idéias complexas que Locke denomina "modos mistos", e que não estão "unidas nos objetos exteriores", mas foram "reunidas pelo próprio entendimento":

> Idéias assim formadas pela reunião de diversas idéias simples eu denomino *complexas*; e desse tipo são a *beleza*, a *gratidão*, um *homem*, um *exército*, o *universo*. (II. 12.1)

A idéia de bola de neve é composta por idéias simples que se apresentam juntas na experiência; sua união provém da experiência e corresponde a um objeto do mundo.

A idéia de beleza, por sua vez, não é dada diretamente na experiência, mas formada pelo entendimento unindo idéias simples recebidas independentemente umas das outras. A idéia complexa de homem é, assim, "uma combinação de um certo tipo de figura com os poderes de movimento, pensamento e raciocínio, reunidas à idéia de substância" (II.12.6). O sinal da unidade das idéias complexas, explica Locke, é o fato de que se dá um nome único a essa combinação de idéias (II.22.4).

A mente, ao reunir idéias simples em uma idéia *percebida como um todo*, forma assim as idéias complexas. Ao lado destas, Locke introduz outras idéias: as idéias de *relação*, que provêm da faculdade mental de colocar lado a lado idéias simples, e as idéias *abstratas*, que provêm da operação do entendimento que separa as idéias simples de seu contexto da experiência. Essas idéias são abordadas por Locke no capítulo "Das idéias complexas" e podem ser consideradas como casos particulares das idéias complexas, ainda que, mais propriamente, derivem de uma diferente operação mental. A linha divisória se situa de fato entre essas idéias (idéias abstratas, idéias de relação, idéias complexas) e as idéias simples, que não fazem intervir o entendimento em seu papel ativo.

O entendimento assim concebido – capaz de produzir idéias complexas, idéias de relação e idéias abstratas – permite explicar o infinito no pensamento:

> Por essa faculdade de repetir e juntar suas idéias, a mente tem um grande poder para variar e multiplicar os objetos de seu pensamento, indo infinitamente além do que a sensação ou a reflexão lhe fornecem; mas todos eles mantêm-se confinados às idéias simples que ela recebeu dessas duas fontes e que são o material último de todas as suas composições. (II.12.2)

Locke resume assim o processo de formação dos modos mistos:

> Há *três maneiras pelas quais obtemos essas idéias complexas de modos mistos*: (1) Pela *experiência* e observação das próprias coisas; assim, ao ver dois homens *lutando* ou *esgrimindo*, obtemos a idéia de luta ou esgrima. (2) Pela *invenção*, ou reunião voluntária de diversas idéias simples em nossas mentes, de tal modo que aquele que primeiro inventou a *imprensa* ou a *gravura* teve uma idéia dela em sua mente antes que ela jamais existisse. (3) Da maneira mais usual, que é pela *explicação dos nomes* de ações que nunca vimos, ou de movimentos que não podemos ver, enumerando e, por assim dizer, colocando diante de nossa imaginação todas as idéias que entram em sua constituição. (II.22.9)

É visível aqui o ceticismo epistemológico de Locke. Segundo ele, não podemos conhecer a essência das coisas, mas podemos formar delas uma idéia complexa. Para retomar o exemplo da bola de neve, o objeto exterior está composto pelas qualidades de brancura, de frio e de redondez, mas essas qualidades dependem da substância que garante que se trata de um objeto único. Como veremos no próximo capítulo, a substância é incognoscível e, portanto, a mente não pode chegar a um conhecimento "real" da bola de neve; tudo o que faz é formar dela uma idéia única, ligando as idéias simples produzidas pelas qualidades de brancura, frio e redondez.

A teoria das idéias explica o elo entre o pensamento e o mundo exterior, e determina a eventual realidade das idéias, sua falsidade ou seu caráter quimérico. O critério de realidade é dado pela relação de conformidade entre uma idéia e aquilo que a produz. Uma idéia é dita real se está fundada na natureza, se está em conformidade com uma coisa existente ou a um arquétipo. Uma idéia é fantástica se não tem fundamento na natureza. Assim, as idéias simples são todas reais porque são os efeitos das qualidades em nossa mente. A brancura não existe na bola de neve (é uma qualidade secundária), mas a bola de neve possui o poder de produzir a idéia de brancura em nosso entendimento:

> Assim, nossas idéias simples são todas reais e verdadeiras, porque correspondem e concordam com os poderes nas coisas que as produzem em nossas mentes. (II.30.2)

As idéias complexas apresentam diversos casos. Quando são aquilo que Locke denomina "idéias complexas de substâncias", a exemplo da bola de neve, elas são reais se correspondem a uma união real das qualidades que produzem as idéias simples no entendimento:

> Como nossas idéias complexas de substâncias são todas formadas em referência a coisas que existem fora de nós, e pretendem ser representações de substâncias tal como estas realmente são, elas só serão reais se forem combinações de idéias simples que estejam realmente unidas e *coexistam* em coisas fora de nós. (II.30.5)

As idéias complexas que não têm outra realidade além da que lhes dá o entendimento, se não forem compostas de idéias incompatíveis, são arquétipos, portanto não diferindo dos originais. Nesse sentido, a realidade dessas idéias é garantida por seu processo de formação (II.30.4). As idéias quiméricas, ao contrário, são combinações de idéias simples produzidas por qualidades que jamais estão unidas no mundo exterior. Por exemplo, a combinação de "uma criatura racional com uma cabeça de cavalo juntada a um corpo de forma humana" (II.30.5) não foi jamais encontrada em nenhuma substância, sendo, portanto, uma idéia quimérica. Enquanto as idéias simples são necessariamente verdadeiras, as idéias complexas abrem espaço para a quimera ou ao erro (II.32.10).

As idéias abstratas

É essencial para Locke, em seguida, abordar a questão das idéias gerais ou abstratas (os dois termos são equivalentes), pois são elas que permitem passar do caráter individual das coisas à generalidade das palavras e que determinam a possibilidade de conhecimento:

> Como essa *idéia abstrata* é algo na mente, um intermediário entre a coisa que existe e o nome que damos a ela, é em nossas idéias que consiste tanto a correção de nosso conhecimento como a propriedade e inteligibilidade de nossa fala. (II.32.8)

A capacidade de formar idéias abstratas é o que diferencia o homem do animal (II.11.10).

O caráter geral de certas idéias é uma "operação do entendimento" (III.3.11) que as distingue das coisas particulares e de suas representações. As idéias abstratas ou gerais são formadas pela separação das idéias daquilo que as acompanha na experiência, e é o que as define (II.12.1). A idéia de brancura pode, por exemplo, tornar-se uma idéia abstrata se eu a separo de sua ocorrência na bola de neve e a considero em si mesma. Comparando-a com a brancura do giz, ou do leite, eu a instituo como representante dessa aparência recorrente em várias coisas. A seguir, eu lhe atribuo o nome "brancura":

> Isso é o que se chama *abstração*, pela qual idéias retiradas de seres particulares se tornam representantes gerais

de todos os seres da mesma espécie; e seus nomes se tornam nomes gerais aplicáveis a tudo o que existe e está conforme a essas idéias abstratas. (II.11.9)

A teoria da abstração de Locke consiste, assim, em dirigir uma atenção seletiva a um aspecto de um objeto complexo da experiência e a ignorar os outros aspectos que o acompanham. Esse aspecto pode então ser reconhecido em outros objetos que se assemelham a esse objeto complexo nesse aspecto.[5]

Em outra parte do texto, Locke indica que as idéias abstratas se formam pela eliminação, nas idéias complexas, de tudo que diz respeito ao particular, deixando subsistir apenas o que é comum a todas as ocorrências singulares. Por exemplo, as crianças formam a idéia abstrata de "homem" da seguinte maneira: a partir da diversidade de pessoas que conhecem, sua ama, sua mãe, seu pai, etc., "elas formam uma idéia que descobrem ser compartilhada por todos esses vários indivíduos e à qual dão, como outros, o nome de *homem*, por exemplo" (III.3.7). Tomando das idéias de ama, de mãe, de pai, etc., aquilo em que se assemelham, a criança chega à idéia geral de homem. A diferença entre esses dois processos é que a idéia de brancura procede de uma idéia simples, separada das co-ocorrências do frio e da redondez; a idéia de homem, ao contrário, continua sendo uma idéia complexa, mas da qual o entendimento retirou uma parte de seu conteúdo. Locke resume assim a natureza da abstração e das idéias gerais:

> Que esta é a forma pela qual os homens formaram inicialmente as idéias gerais e os nomes gerais para elas, penso que é tão evidente que não precisa de outra prova a

---

5. J. L. Mackie, *Problems...*, op. cit., p. 112.

não ser observar-se a si mesmo ou a outros, e os procedimentos ordinários de suas mentes na aquisição do conhecimento. E aquele que julga que *naturezas* ou *noções gerais* são algo mais que idéias abstratas e parciais de coisas mais complexas, obtidas inicialmente a partir de existências particulares, terá, eu penso, muita dificuldade em encontrá-las. Pois que alguém reflita e me diga em que sua idéia de *homem* difere da idéia de *Pedro* ou *Paulo*, e em que sua idéia de *cavalo* difere da de *Bucéfalo*, a não ser por deixar de fora algo que é peculiar a cada indivíduo e reter todas as idéias particulares complexas nas quais ele descobre que essas existências particulares se põem de acordo? (III.3.9)

O problema desta análise da abstração, como já notaram numerosos comentadores, é que ela parece propor dois critérios diferentes para a formação das idéias gerais: a seleção de uma parte, a eliminação da outra. Como Locke define a natureza das idéias pelo modo como se formam no entendimento, poder-se-ia supor que há dois tipos de idéias abstratas, o que é evidentemente contrário ao objetivo visado. Mas, como explica Mackie, isso provém do fato de que há muitos tipos de idéias gerais (formadas a partir de idéias simples como a de brancura, ou de idéias complexas como a de homem), e que elas requerem diferentes tratamentos.[6] Os dois processos não são de fato tão diferentes um do outro, pois consistem em retirar da idéia os traços que lhe são concomitantes: o frio e a redondez, no caso de bola de neve, os caracteres que fazem que o pai, a mãe, a ama sejam pessoas diferentes.[7]

O exemplo do triângulo permite aprofundar a natureza das idéias abstratas e seu sentido na teoria de Locke.

---

6. J. L. Mackie, *Problems...*, op. cit., p. 118.
7. Nicholas Jolley, *Locke...*, op. cit., p. 50.

A idéia geral de triângulo, explica Locke, é a idéia de um triângulo que não é nem retângulo, nem equilátero, nem escaleno, etc., "mas tudo isso e nada disso ao mesmo tempo" (IV.7.9). A objeção clássica a essa teoria foi formulada por Berkeley, que aceita o princípio de abstração como consistindo em desconsiderar as propriedades particulares dos ângulos ou dos lados dos triângulos, mas afirma que isso não pode formar uma idéia abstrata, contraditória, do triângulo.[8] Se partirmos de uma imagem, não parece possível chegar a uma imagem contraditória ou incoerente de um triângulo; não é possível formar a imagem de um triângulo que seja ao mesmo tempo retângulo, equilátero, etc., e que não seja nenhum desses triângulos em particular.

Para que a objeção de Berkeley seja válida, como mostra Mackie, é preciso considerar que temos uma imagem das idéias gerais. Mas pode-se supor desde o início que não há nenhuma necessidade de ter uma imagem de um triângulo "geral" para ter a idéia abstrata de triângulo. O processo de atenção seletiva, que Mackie toma como o princípio lockeano de abstração, basta para explicar como podemos formar idéias abstratas. A mente começa considerando as idéias de triângulos particulares (retângulo, isósceles, equilátero), idéias que são efetivamente incompatíveis umas com as outras. Mas a mente isola os traços que fazem que essas idéias se assemelhem, traços que são compatíveis, e os combina. A idéia que disso resulta é uma idéia imperfeita, que não pode corresponder a um objeto do mundo porque é necessariamente incompleta. Assim, a idéia geral do triângulo pode se aplicar a todos os triângulos particulares. Isso supõe simplesmente que uma idéia geral seja

---

8. Berkeley, *Princípios do conhecimento humano*, Introdução §16, citado por J. L. Mackie, *Problems...*, p. 115. Para a descrição da teoria das idéias abstratas, sigo Mackie, *Problems...*, cap. 4.

incompleta ou indeterminada, o que não traz nenhum problema particular para a teoria de Locke.[9]

As idéias gerais são essenciais, pois são elas que determinam os nomes gerais. Mais exatamente, no livro III do *Ensaio*, Locke se interroga sobre o fato de que a grande maioria das palavras, em todas as línguas, são termos gerais, e deve explicar por qual processo essas palavras existem e são formadas. O processo de abstração permite passar da particularidade das coisas à generalidade dos termos. A generalidade, segundo Locke, não é uma propriedade das coisas, mas uma conseqüência da intervenção do entendimento, e só diz respeito às idéias e às palavras:[10]

> As palavras são gerais [...] quando usadas como signos de idéias gerais e com isso aplicáveis indiferentemente a muitas coisas particulares; e as idéias são gerais quando estabelecidas como representantes de muitas coisas particulares; mas a universalidade não pertence às próprias coisas, que são todas elas particulares em sua existência, o que inclui mesmo as palavras e idéias que são gerais em sua significação. (III.3.11)

Essa intervenção do entendimento preserva entretanto o fundamento das idéias gerais nas idéias particulares, cuja similitude em certos aspectos ele observa.

---

9. Sobre a controvérsia Berkeley-Locke sobre este ponto, ver também Jolley, op. cit., p. 51-3, que explica que, considerado do ponto de vista da extensão, a idéia geral se aplica a todas as idéias de triângulo ao mesmo tempo, e, do ponto de vista da intensão, não se aplica a nenhum.

10. Essa posição nominalista "clássica" retoma os termos do longo debate sobre os universais; para Locke, só os particulares existem, e a abstração nasce da semelhança entre os objetos particulares. Ver, sobre este ponto, Alain de Libera, *La Querelle des universaux*, Paris, Seuil, 1996.

As idéias como imagens[11]

A objeção de Berkeley à análise lockeana da idéia geral de triângulo repousa, como vimos, no fato de que não é possível ter uma representação de um triângulo que seja ao mesmo tempo equilátero, isósceles, retângulo, etc., pois essas idéias são contraditórias. Um dos modos de defender Locke dessa objeção poderia ser, então, negar que idéias gerais sejam imagens. Haveria então dois tipos de idéias: umas que seriam imagens, por exemplo a idéia da bola de neve, e outras que não seriam, por exemplo certas idéias gerais. Nesse sentido, a natureza das idéias da percepção seria diferente da das idéias do intelecto. Mas isso significaria, então, que a categoria das idéias não é uma categoria uniforme, o que colocaria um grave problema para a teoria de Locke. Ou, então, que a categoria das idéias do intelecto está insuficientemente desenvolvida, e sua análise é incapaz de explicar as idéias que não provêm unicamente da sensação.

De forma mais geral, a questão do estatuto das idéias se situa no quadro das discussões filosóficas que remontam ao menos até Descartes, e de fato a Aristóteles. Para Aristóteles, como para Descartes, embora com diferenças, é preciso introduzir uma distinção entre a imaginação, que trata dos sentidos, e o intelecto, que forma as noções universais. Para Descartes, a quem Locke visivelmente responde, a alma é essa faculdade que permite pensar independentemente dos sentidos. Para Hobbes e Gassendi[12], ao contrário, não há intelecto, e a imaginação provê a todos os processos de pensamento. Como explica Michael

---

11. Retomo aqui o título do capítulo do livro de Michael Ayers (*Locke...*, vol. I, p. 44-51), cuja análise sigo.
12. Pierre Gassendi (1592-1655), defensor do materialismo, atacou Descartes em uma série de objeções.

Ayers, a questão de saber se as idéias de Locke são imagens sensíveis se reduz a determinar sua posição nesta discussão filosófica geral.

Se, para Locke, as idéias são imagens, isso quer dizer que o único conteúdo possível da mente ou do pensamento é uma imagem sensível. Mais precisamente, não há em Locke distintas faculdades no entendimento: é o entendimento que recebe as idéias, que as processa, que as compõe, etc. Não há faculdade pura que trate de idéias puras, sem conteúdo sensível. Toda idéia, seja ela simples, complexa, abstrata, se funda em um conteúdo sensível que é dado pela experiência.[13] Além disso, a intervenção da memória, que é um reservatório de imagens potenciais, parece supor que o próprio pensamento tem por objeto as imagens. A metáfora da *camara obscura* (II.11.17), por meio da qual Locke definiu o processo de pensamento, até mesmo convida a tratar as idéias como imagens.

Locke retoma de Descartes uma análise célebre, a do quiliágono (polígono de mil lados). Para Descartes, na *Sexta meditação*, o quiliágono prova que há uma diferença fundamental entre conceber e imaginar: eu posso conceber um quiliágono e raciocinar sobre ele, mas não posso ter dele uma representação clara e distinta.[14] Para Locke, não posso ter uma idéia clara e distinta da forma do quiliágono, mas tenho uma idéia clara e distinta do número de seus lados:

---

13. O caso particular das idéias de reflexão é assimilável, segundo Locke, ao das idéias de sensação.
14. "E embora, segundo o costume que tenho de me servir sempre de minha imaginação, quando penso em coisas corporais, ocorra que, ao conceber um quiliágono, eu me represente confusamente alguma figura, mas é muito evidente que essa figura não é absolutamente um quiliágono, pois ela não difere em nada da que eu me representaria se pensasse em um miriágono, ou em qualquer outra figura com um número muito grande de lados, e que ela não serve de nenhum modo para descobrir as propriedades que distinguem o quiliágono de outros polígonos" (Descartes, *Sexta meditação*).

Em um homem que fale de um *quiliaedro*, ou um corpo de mil lados, a idéia da figura pode estar muito confusa, embora a do número seja muito distinta, de tal modo que, sendo capaz de discorrer e demonstrar acerca daquela parte de sua idéia complexa que depende do número mil, ele se inclina a pensar que tem uma idéia distinta de um *quiliaedro*, embora seja claro que ele não tem nenhuma idéia precisa de sua figura, de modo a distingui-la, por exemplo, de outra que tenha apenas 999 lados, e a não observação desse fato causa não poucos erros nos pensamentos dos homens, e confusão em seus discursos. (II.29.13)

O fato de que as idéias complexas sejam combinações de idéias simples explica, segundo Locke, como posso ter idéias que não são inteiramente claras e distintas. Nada garante efetivamente que eu tenha uma imagem precisa de um quiliágono presente em minha mente, mas isso não significa que eu não tenha, apesar de tudo, alguma idéia dele, fundada em idéias sensíveis (no caso, a idéia de número).

Isso quer dizer que é perfeitamente possível, para Locke, possuirmos idéias que são claras sob certos aspectos e obscuras sob outros. Isso equivale a dizer que posso ter idéias incompletas. É nesse sentido que se deve entender a doutrina das idéias abstratas: elas produzem uma imagem incompleta ou indeterminada.[15] Por exemplo, a idéia abstrata de um triângulo é uma imagem indeterminada que só encontra sua determinação quando se aplica à idéia de um triângulo particular. Nesse sentido, certas idéias, em especial as idéias abstratas, são imagens consideradas apenas sob certos aspectos. As idéias abstratas não são para

---

15. É isso que o diferencia de Berkeley; ver, sobre o assunto, N. Jolley, *Locke...*, op. cit., p. 51-3.

Locke entidades abstratas, mas sim idéias particulares às quais se atribui o conteúdo de idéia abstrata. Por exemplo, a idéia geral de triângulo não é uma entidade incoerente que existe na mente, mas simplesmente a idéia de triângulo aplicando-se a (idéias de) diferentes triângulos. Do mesmo modo, a idéia de existência é a idéia de alguma coisa que existe; a unidade é a idéia de "alguma coisa" considerada como uma unidade.[16]

Essa teoria das idéias como imagens não exclui o saber *a priori*, e o paradigma para Locke é constituído pela geometria. Mas a geometria raciocina sobre figuras e diagramas que são cópias das idéias que estão na mente. Nesse sentido, nós raciocinamos sobre objetos particulares que, pela operação do entendimento, podem atingir o estatuto de idéias abstratas.

Assim, por não abandonar jamais a ligação entre as idéias sensíveis e a formação de idéias abstratas, Locke consegue preservar a unidade dessa categoria, dada pelo fato de que todas as idéias são imagens sensíveis. Não há duas categorias distintas, nem duas faculdades mentais distintas; o entendimento recebe as idéias da sensação e forma as idéias abstratas a partir delas. Ayers conclui:

> As "idéias" de Locke, quando não se produzem na sensação (ou na "reflexão"), são imagens sensíveis, ou quase-sensações. São imagens *mentais*, pois ter uma idéia (ocorrente) para Locke é evidentemente estar em um estado de consciência: uma idéia deve ser "observada" para existir. [...] A razão de seu imagismo é, entretanto, mais epistemológica que ontológica ou materialista.

---

16. Locke explicita melhor esse ponto na controvérsia com Stillingfleet (1635-99), teólogo inglês, capelão de Carlos II Stuart e depois bispo de Woraste; autor de *Origines Sacræ* (1662). Ver também M. Ayers, *Locke...*, vol. I, p. 49.

Concebemos as coisas pela experiência, e nossa inclinação a especular sobre o que se situa além de nossa experiência está limitada pelos materiais que a experiência nos fornece. Essa limitação não nos impede de atingir o saber universal *a priori*, como no caso da geometria, a despeito do princípio tradicional de que os sentidos e a imaginação tratam apenas de particulares. Pois esses particulares podem ser utilizados como representantes universais, ou como signos.[17]

Nesse sentido, Locke não confunde as idéias com as imagens, como censurava Leibniz, por exemplo.[18] Para Locke, de fato, todas as idéias são imagens mentais, não havendo, assim, uma classe distinta de representações intelectuais, diferentes das representações sensíveis. Os processos de tratamento pelo entendimento devem ser de natureza distinta para dar conta das diferenças entre diversos tipos de idéias, mas disso não decorre que o estatuto dessas idéias seja radicalmente diferente.

As idéias como objetos do pensamento

A questão do estatuto das idéias na teoria de Locke coloca um último problema. Considerou-se até aqui que as idéias eram imagens, e que eram objeto do pensamento. Seu estatuto ontológico, entretanto, está ainda por especificar: as idéias devem ser consideradas como intermediários entre o mundo e o pensamento, como os *sense-data* que Russell e alguns positivistas lógicos propunham como o conteúdo da percepção? Devem ser elas consideradas como formas do pensamento? Como entidades providas de uma

---

17. Ibid., p. 51.
18. Ver Leibniz, *Novos ensaios*, livro II.

existência? Como modificações puras do entendimento? Há muitas coisas em jogo nessa escolha de uma explicação do estatuto das idéias em Locke, pois esse estatuto diz respeito às relações entre o pensamento e o mundo, e a percepção que se pode ter do mundo exterior. A resposta a essa questão permitirá, além disso, precisar a natureza do ceticismo epistemológico de Locke.

Os termos do debate são conhecidos desde o século XVII e remontam de fato, antes de Locke, a uma querela entre Malebranche e Arnauld. Para Malebranche, perceber um objeto é ter presente ao entendimento a idéia desse objeto. Se percebo uma bola de neve, não percebo a bola de neve propriamente, mas considero a idéia da bola de neve, que é uma idéia em Deus. Arnauld, ao contrário, sustenta que não existe objeto intencional independente, mas que uma idéia é simplesmente a modificação da alma ou da mente na percepção, isto é, ela é o conteúdo da percepção.[19]

Para Reid[20], as idéias lockeanas são entidades reais, distintas, que se encontram entre o sujeito que percebe e o mundo real. Se essa explicação fosse verdadeira, ela traria um duplo problema: a teoria multiplicaria as entidades, o que é contrário ao princípio de economia da navalha de Occam[21], e não garantiria um conhecimento do mundo exterior, introduzindo, ao contrário, um obstáculo no acesso ao mundo.

Deve-se a Yolton a análise desse argumento e a refutação da posição que propõe que as imagens tenham uma realidade independente de sua percepção pela mente. Para

---

19. Cf. M. Ayers, *Locke...*, vol. I, p. 52-5.
20. Thomas Reid (1710-96), *Ensaios sobre os poderes intelectuais do homem*, Edinburgo, 1785.
21. O princípio chamado "a navalha de Occam", em referência ao filósofo inglês do século XIV, proíbe multiplicar as entidades inutilmente.

Yolton, as idéias não são objetos particulares, independentes de sua percepção pela mente. As idéias lockeanas, tal como Yolton as analisa, correspondem simplesmente ao conteúdo do pensamento, ou seja, são objetos intencionais, e não entidades independentes. Mais precisamente, Locke utiliza o termo "idéia" com a mesma ambigüidade que Descartes havia observado, isto é, que a idéia pode ao mesmo tempo referir-se ao processo de pensamento ou a seu objeto. Mas em nenhum caso Locke faz referência a uma terceira possibilidade.[22]

Nesse sentido, portanto, as idéias não são nada mais que o conteúdo do pensamento; a idéia de bola de neve não é uma entidade intermediária entre o entendimento e a bola de neve do mundo exterior, que seria o objeto do pensamento, mas ela é o conteúdo do pensamento da bola de neve. Considerar uma bola de neve é ter a idéia de bola de neve presente ao entendimento, como conteúdo cognitivo. E essa idéia é causada por (qualidades de) uma bola de neve do mundo exterior. Uma idéia é, para Locke, uma percepção presente ou uma percepção que se torna novamente presente à mente graças à memória. É uma modificação do entendimento que recebe, como vimos, um estímulo pelas qualidades primárias ou secundárias de um objeto, por exemplo. Ou seja, a idéia é ao mesmo tempo o efeito produzido por um objeto do mundo exterior sobre o entendimento e a modificação sofrida pelo entendimento.

Nossa percepção do mundo exterior passa então pela intermediação das idéias, do ponto de vista daquilo que a

---

22. É possível ir mais longe e mostrar que as idéias lockeanas não são suscetíveis de ambigüidade em sua denominação, e que elas não são de fato o ato de pensamento ou de percepção, como em Arnauld, mas apenas seu objeto (Chappell, *The Cambridge...*, p. 33). Uma idéia não é nada mais que aquilo que a mente percebe: "pois, seja como for uma idéia, ela só pode ser como a mente percebe que ela é" (II.29.5).

causa, mas é direta do ponto de vista do julgamento que fazemos, como mostra Mackie.[23] É nesse sentido que se deve entender a explicação segundo a qual uma idéia é um objeto de pensamento, seu conteúdo. Fora do pensamento as idéias não têm nenhuma existência. O ceticismo cognitivo de Locke aparece assim claramente, pois as idéias garantem a realidade do mundo exterior (não há idéias sem objeto que as cause), mas não determinam nosso conhecimento desse mundo.

A percepção do mundo exterior depende efetivamente dessas idéias. No caso das idéias simples e de certas idéias complexas, elas não são puros produtos da imaginação, mas são reais porque existe uma "conformidade" entre essas idéias e a realidade das coisas (IV.4.3-5). Isso explica a distinção feita por Locke entre as idéias de qualidades primárias, que se assemelham às qualidades que as causam, e as idéias de qualidades secundárias (como as cores), que não se assemelham às qualidades presentes nos objetos. É aí que se introduz a possibilidade de que o mundo não seja exatamente como eu o percebo, isto é, o ceticismo da posição de Locke quanto ao mundo exterior. A realidade do mundo exterior não está em questão, mas sua natureza, em contrapartida, pode ser muito diferente da percepção que tenho dela. Se há ceticismo, ele não se aplica à existência do mundo ou dos objetos, mas à sua natureza; a possibilidade de um afastamento entre a natureza real do mundo e o conhecimento que formo dele é preservada na teoria das idéias.

A questão importante que a teoria de Locke permite levantar é a da natureza das coisas, que pode ser diferente da maneira pela qual elas me aparecem. Se a bola de neve me aparece como redonda, fria, branca, isso quer dizer

---

23. J. L. Mackie, *Problems...*, op. cit., p. 42-3.

que eu a represento assim, mas não impede que se possa introduzir uma dúvida, e é possível que a bola de neve seja na realidade distinta da maneira pela qual ela me aparece.[24] É nesse sentido que se pode considerar as idéias como objetos do pensamento, isto é, objetos intencionais, que nada mais são que o conteúdo do pensamento, entendido não como alguma coisa que se encontraria no interior do pensamento, mas como aquilo a que o pensamento se dirige.[25] A relação das idéias com o mundo exterior que está no fundamento da epistemologia lockeana permite desse modo medir o ceticismo de Locke, que não põe em questão a realidade do mundo exterior, mas simplesmente o conhecimento que posso ter dele.

As idéias, para Locke, são de diferentes tipos: idéias simples causadas diretamente pelo mundo exterior, idéias complexas que fazem intervir uma operação do entendimento, idéias abstratas que testemunham a capacidade de

---

24. Sigo aqui a análise de Mackie, *Problems...*, que defende uma teoria da percepção como representação na qual as idéias são objetos intencionais. Para Mackie, de fato, pode-se distinguir três níveis, e não apenas dois como fiz simplificadamente em minha exposição acima: as coisas como elas são, as coisas como elas me aparecem sem interpretação, e as coisas como me aparecem com interpretação.

25. Embora essa explicação, após Yolton, seja seguida por muitos comentadores (Mackie, Chappell), deve-se notar que ela não goza da simpatia de Ayers. Para Ayers (op. cit., p. 60-6), longe de seguir Arnauld em sua refutação de Malebranche, Locke procura distanciar-se dele, ao insistir sobre o fato de que há alguma coisa que está presente ao entendimento, a saber, as idéias. Ayers defende assim uma concepção das idéias como signos da linguagem do pensamento; para ele as idéias lockeanas são como as palavras, mas o liame que as liga ao mundo é um liame de causalidade natural, ao passo que a significação lingüística repousa sobre um liame arbitrário. As idéias são então, segundo Ayers, efeitos puros, que só representam o mundo porque têm nele sua origem: "O que está dado na sensação é a existência e a coexistência dos poderes das coisas que afetam nossos sentidos, mas nada mais a respeito dessas coisas, nem mesmo sua disposição no espaço" (p. 62).

raciocinar. Uma idéia, como vimos, é uma forma de imagem. As idéias são, por fim, os próprios objetos do pensamento, considerados não como entidades independentes mas como modificações do entendimento produzidas pelas coisas do mundo exterior. Essa teoria das idéias é a base da filosofia de Locke, e é ela que nos permitirá acompanhar o ceticismo lockeano quando este se dirige para a noção de substância.

4
A substância

Ao afastar-se do inatismo, no livro I do *Ensaio*, Locke recusa igualmente que a idéia de *substância* seja inata. Não podemos obtê-la por meio da sensação ou da reflexão, e, se a natureza nos tivesse dado idéias inatas, seria de esperar que estas fossem idéias que não poderíamos adquirir por nossas próprias faculdades. Mas não é o que ocorre:

> Ao contrário: como essa idéia [de substância] não nos chega pelos caminhos pelos quais as outras idéias nos são trazidas à mente, o resultado é que não temos nenhuma idéia *clara* desse tipo, e, portanto, todo o significado que damos à palavra *substância* é uma suposição incerta de um não-sei-o-quê, isto é, de algo de que não temos nenhuma idéia distinta e positiva particular, que tomamos como o *substrato*, ou suporte, das idéias que conhecemos. (I.3.19)

A teoria da substância intervém, assim, na refutação do inatismo e, de forma mais geral, na função crítica atribuída por Locke à filosofia, que interroga com ceticismo nossas concepções tanto filosóficas como ordinárias do mundo.

Essa obscura idéia da substância é uma das mais complexas da filosofia de Locke e uma das que provocou mais debates entre os comentadores. Para ver em que sentido ela deve ser apreendida, é preciso antes de mais nada mostrar em que consiste a teoria corpuscular de Locke, da qual já demos um resumo, e explicar sua concepção das essências. Isso permitirá considerar de forma mais precisa sua concepção dos corpos e, em particular, da substância.

A teoria corpuscular e o mecanicismo

Locke diz que o fundamento científico de sua filosofia é dado pela teoria corpuscular de Boyle. Essa doutrina, segundo a qual o mundo e os corpos são compostos de minúsculas partículas, forneceria a melhor explicação para dar conta dos corpos e, em especial, das qualidades:

> Usei aqui como exemplo a hipótese *corpuscular*, considerada como a que avança mais na direção de uma explicação inteligível dessas qualidades dos corpos; e temo que a fraqueza do entendimento humano seja dificilmente capaz de substituí-la por alguma outra que nos revele de forma mais clara e completa a conexão necessária e coexistência dos poderes que podem ser observados unidos nos diversos tipos de corpos. (IV.3.16)

Mais exatamente, Boyle considera que todas as qualidades e modificações de qualidades são produzidas mecanicamente por partículas ínfimas, demasiado pequenas para serem vistas, mas cuja forma, dimensão e movimento explicam todos os fenômenos corporais. Nos *Elementos de filosofia natural*, Locke retoma essa formulação:

> Pela forma, dimensão, textura e movimento desses pequenos corpúsculos insensíveis, todos os fenômenos próprios aos corpos podem ser explicados.[1]

---

1. Citado em Eddwin McCann, "Lockean Mechanism", in Chappell (ed.), *Locke...*, p. 243.

Não há, então, segundo essa filosofia, nenhuma causalidade, além do movimento de partículas (e sua natureza), capaz de explicar os fenômenos físicos. Toda mudança nos corpos depende de uma causalidade mecânica que repousa sobre essas partículas. Locke toma o exemplo da água, que parece fria à minha mão esquerda e quente à minha mão direita. Como pode a mesma água produzir sensações diferentes? Isso mostra simplesmente que as idéias do quente e do frio não estão contidas na água, mas são o resultado da ação diferenciada das partículas sobre minhas mãos. A descrição desse fenômeno é um excelente exemplo de uma análise corpuscular e mecanicista dos corpos:

> Mas se a sensação de quente e frio não é nada mais que o aumento ou diminuição do movimento de diminutas partes de nosso corpo, causado pelos corpúsculos de algum outro corpo, é fácil entender que, caso esse movimento seja maior em uma mão que na outra, um corpo aplicado às duas mãos, que tenha em suas partículas um movimento maior que o das partículas de uma mão e menor do que as partículas da outra, irá aumentar o movimento de uma mão e diminuir o da outra, causando com isso as diferentes sensações de quente e frio que disso dependem. (II.8.21)

A hipótese mecanicista permite dar conta de todos os fenômenos físicos, de todas as variações, de todas modificações. Ela se baseia no princípio de constituição corpuscular da matéria, cujos corpúsculos, mesmo não sendo perceptíveis a olho nu, são diretamente responsáveis pelos fenômenos observados. Nesse sentido, o mecanicismo de Locke é totalmente diferente do mecanicismo cartesiano, porque Descartes recusa a idéia de que poderia existir o vazio (que, para Boyle e Locke, existe entre as partículas) e sustenta que a matéria é infinitamente divisível, não podendo, portanto, ser formada de átomos. Para Locke, ao contrário, o átomo é o menor constituinte da natureza, e qualquer corpo dado ou é um átomo ou um agregado de átomos.

Vê-se então claramente a relação com a doutrina das qualidades. O grão de trigo que pode ser dividido ao infinito continua apresentando, em cada uma de suas partes, "solidez, extensão, forma e mobilidade" (II.8.9), ou seja, continua composto por átomos que lhe dão suas qualidades primárias: todo corpo, mesmo dividido, continua tendo uma extensão, uma forma, etc. A extensão, a solidez, a forma e a mobilidade são inseparáveis do grão de trigo, mesmo dividido, pois elas são inseparáveis desses corpúsculos fundamentais. As qualidades secundárias, entendidas como poderes que permitem produzir, mesmo à distância, certas idéias em nós, procedem desses corpúsculos e dependem de suas qualidades primárias.

Para Locke, a teoria corpuscular explica a distinção entre qualidades primárias e secundárias: as primeiras são inseparáveis dos corpúsculos, as segundas existem nos corpos como poderes de produzir idéias em nós a partir desses corpúsculos. A teoria corpuscular explica perfeitamente a distinção lockeana entre qualidades primárias e qualidades secundárias, e explica também todos os fenômenos físicos. É nesse sentido que a hipótese corpuscular é, para Locke, a que torna mais inteligíveis as qualidades dos corpos.

Muitos comentadores[2] mostraram que a hipótese corpuscular permite explicar os fenômenos da experiência ordinária (tal como o calor, o frio, etc.), o que é uma de suas grandes forças. Ela não é uma explicação "oculta" dos fenômenos usuais, que lhes atribuiria virtudes *ad hoc*, como a análise escolástica; antes, a hipótese científica está

---

2. E. McCann, "Locke's Philosophy of Body", in Chappell (ed.), *Locke...*; também N. Jolley, op. cit.

em conformidade com nossa experiência cotidiana. A hipótese corpuscular não é necessariamente verdadeira, mas sua capacidade de explicar os fenômenos faz dela um bom princípio de análise. Isso não quer dizer que o mecanicismo de Boyle (e de Locke) não enfrente dificuldades. A principal está na maneira pela qual esses átomos se mantêm juntos, pois não sabemos qual é o "cimento" que os faz aderir uns aos outros:

> Aquele que conseguisse mostrar qual é o cimento que os liga tão firmemente uns aos outros teria nos revelado um grande e recôndito segredo. (II.23.26)

Mas, ainda que conhecêssemos essa ligação, prossegue Locke, continuaríamos longe de compreender a extensão dos corpos. Do mesmo modo, a maneira pela qual as qualidades primárias produzem as qualidades secundárias nem sempre pode ser explicada (II.8.25, IV.3.13). Mas essas dificuldades não colocam em questão o princípio mecanicista de explicação provido por Locke; elas assinalam apenas a presença de uma parte incognoscível em nossa apreensão do mundo. Esse incognoscível talvez seja devido a Deus, sugere Locke:

> Deus sem dúvida fez [nossos órgãos] de modo a nos servirem da melhor forma possível em nossa presente condição. Ele nos adaptou à vizinhança dos corpos que nos cercam e com os quais temos de lidar; e embora nossas faculdades não nos permitam atingir, por seu intermédio, um perfeito conhecimento das coisas, elas nos servem muito bem para os fins acima mencionados, que são de grande importância para nós. (II.23.13)

Então, a teoria corpuscular, e o mecanicismo que dela decorre, são apenas princípios de explicação cuja verdade não está confirmada, pois resta neles uma parte obscura, mas que, mesmo assim, dão conta de nossa experiência do mundo e, em particular, dos fenômenos físicos e corporais.

As essências

Nosso conhecimento do mundo depende em parte de nossa apreensão da essência das coisas. Locke distingue claramente entre essências nominais e essências reais. Apoiando-se na história da filosofia, especialmente nos debates sobre a noção de essência, Locke mostra a mudança que ocorre em nossa compreensão desse conceito. Em seu sentido original, "essência" designa a "constituição real, interior e desconhecida das coisas". A seguir, um deslocamento de sentido levou a considerar que a essência não designa a constituição das coisas, mas "a constituição artificial do *gênero* e da *espécie*" (III.3.15). Segundo Locke, o que está em jogo nesses dois casos são conceitos totalmente diferentes de essência. No primeiro caso, o conceito se refere à natureza real das coisas, à sua real organização. No segundo caso, à idéia que delas formamos para classificá-las. Locke propõe então chamar "essência *real*" à essência na primeira acepção e "essência *nominal*" à segunda.

Consideremos o exemplo do ouro. A idéia complexa de ouro é formada das idéias de um corpo amarelo, de certo peso, maleável, fusível e fixo. Essa é sua essência nominal. Mas sua essência real corresponde à constituição real das partes imperceptíveis que dão ao ouro suas qualidades. Assim, classificamos as coisas ou os elementos segundo sua essência nominal, e não segundo sua essência real. A diferença entre as essências nominais e as essências reais é também apresentada por analogia com o relógio de Estrasburgo, do qual um homem comum vê apenas que ele marca as horas e soa regularmente, ao passo que outro conhece todas as suas molas e engrenagens.

Assim, as essências nominais fundam-se sobre nossas idéias complexas das coisas, ao passo que as essências reais correspondem a sua composição intrínseca. Seria erro, previne Locke, crer que as classificações que propomos a partir das essências nominais correspondam a uma classificação natural fundada nas essências reais: uma essência real pode sempre ser diferente de uma essência nominal.

Enquanto para Aristóteles e a escolástica as classificações eram naturais, pois se fundavam sobre a essência compreendida como essência real[3], a distinção introduzida por Locke mostra que isso não é o caso. As essências nominais permitem-nos reconhecer as coisas e falar delas, pois a uma essência nominal, isto é, uma idéia complexa, está associado um nome:

> Fica claro com isso que os homens não seguem exatamente os padrões estabelecidos pela natureza quando formam suas idéias gerais de substância; [...] Os homens, ao formarem suas idéias gerais, buscam mais a conveniência da linguagem e um meio de se comunicar rapidamente por signos curtos e abrangentes do que a verdadeira e precisa natureza das coisas tal como existem. (III.6.32)

As essências reais são incognoscíveis, o que reforça o ceticismo epistemológico de Locke. Mas elas não são incognoscíveis em princípio. Pode-se muito bem imaginar que, se tivéssemos sentidos comparáveis a microscópios, nossa percepção dos corpos seria diferente; poderíamos nesse caso discernir os constituintes ínfimos dos corpos e compreender sua constituição real. Nossas idéias seriam, com isso, necessariamente afetadas, e, em vez da cor

---

3. Ver, por exemplo, Aristóteles, *Metafísica*, Γ, 2, 1003b.

amarela do ouro, por exemplo, perceberíamos "uma admirável textura de partes, de um certo tamanho e forma" (II.23.11). Isso quer dizer que a essência real depende da organização das partículas, ao passo que a essência nominal depende apenas das idéias que formamos das coisas. A essência real é o que causa as qualidades das coisas.

A substância

Voltemos ao que diz Locke sobre a substância. Uma parte de sua argumentação é manifestamente cética e irônica[4], visando os filósofos precedentes e, em particular, a interpretação escolástica da doutrina aristotélica da substância.

Para os escolásticos, a multiplicidade das qualidades de uma coisa que nos afeta tem sua origem em uma multiplicidade na própria coisa. Para Locke e os filósofos do século XVII, de maneira geral, não se deve confundir a estrutura das coisas com a forma pela qual elas nos afetam, e não é porque a bola de neve produz em mim as idéias de frio, de redondez, de brancura, etc., que essas idéias correspondam a qualidades separadas na bola de neve; pensar que isso é o caso é esquecer a unidade fundamental das coisas. Inversamente, não é porque formamos uma idéia única da bola de neve que se deve esquecer que essa idéia está formada de diversas idéias simples, consideradas segundo o princípio da unidade. É preciso, portanto, evitar confundir – e Locke censura esse erro nos aristotélicos – as idéias complexas e as idéias simples; não se deve tomar a idéia da bola de neve como uma idéia simples sob o pretexto de que ela é uma idéia única.

Nesse sentido, a análise das coisas deve levar em conta a relação complexa entre o um e o múltiplo, entre o fato

---

4. Jonathan Bennett, *Locke, Berkeley, Hume: Central Themes*, Oxford, Oxford University Press, 1971, p. 61.

de que eu tenho uma idéia única da bola de neve, mas que essa idéia é formada de muitas idéias simples; entre o fato de que tenho muitas idéias provocadas pela bola de neve, mas que, como qualidades ou poderes de provocar em mim idéias, elas estão unidas na bola de neve.[5]

A idéia de substância é então proposta por Locke em um contexto crítico, que o faz desenvolver com ironia um ataque contra o conceito de substância, ou, em todo caso, contra sua acepção tradicional e seu uso filosófico:

> Aqueles que em primeiro lugar se depararam com a noção de *acidentes*, como um tipo de seres reais que precisavam de alguma coisa à qual se aderir, foram forçados a inventar a palavra *substância* para lhes dar suporte. Se aquele pobre *filósofo indiano* (que imaginava que a Terra também necessitava de algo que a sustentasse) tivesse simplesmente· pensado nessa palavra *substância*, não teria tido todos os problemas para encontrar um elefante que a suportasse, e uma tartaruga para suportar seu elefante: a palavra *substância* teria feito tudo isso eficientemente. E aquele que indagasse poderia ter aceitado tão bem essa resposta do *filósofo indiano* – que a *substância*, sem que se saiba o que ela é, é o que sustenta a Terra – como aceitamos como uma resposta satisfatória e uma boa doutrina a afirmação de um *filósofo europeu* de que a *substância*, sem que se saiba o que ela é, é o que sustenta os *acidentes*. Assim, não temos nenhuma idéia do que *é* a substância, mas apenas uma noção confusa e obscura do que ela *faz*. (II.13.19)

---

5. De resto, como se viu, Locke considera, contra a escolástica, que não é porque tenho a idéia da brancura que a brancura existe no objeto. Ela não é senão o poder de provocar em mim a idéia de brancura por intermédio das qualidades primárias das partículas.

Para Aristóteles, a substância é a categoria lógica fundamental, que pode existir independentemente das outras categorias, sendo os outros elementos das categorias apenas predicados da substância. Locke não recusa o conceito; em compensação, ao contrário de toda a tradição filosófica, ele declara a substância incognoscível e diz que só podemos ter dela uma idéia obscura. Qual é então seu papel ("o que ela faz") e como Locke a concebe?

O capítulo mais importante quanto a essa questão é o 23 do livro II, intitulado "De nossas idéias complexas de substâncias". Locke explica claramente em seu início como chegamos à hipótese da substância. A mente, que recebe idéias simples pelos sentidos, observa que certas idéias simples apresentam-se sempre juntas. Por exemplo, as idéias de frio, de brancura e de redondez da bola de neve se apresentam constantemente juntas. Para formar a idéia complexa de bola de neve, essas idéias simples são consideradas como produzidas pelo mesmo objeto. Não podendo supor que as qualidades existam por si mesmas, habituamo-nos a supor a existência de um substrato "no qual elas subsistem e do qual resultam, e ao qual, por essa razão, chamamos *substância*" (II.23.1).

De acordo com nossa experiência, o grupo de idéias redondez-frio-brancura se apresenta a nossa mente sempre reunido, e supomos por isso que elas emanam de qualidades unidas no objeto pelo suporte, que é a substância. Do mesmo modo, nossa idéia complexa de ouro está fundada sobre a presença recorrente de idéias simples, mas nós supomos que as qualidades que as causam pertencem a "alguma coisa":

> nossas idéias complexas de substâncias, além de todas as idéias simples de que são constituídas, sempre trazem consigo a idéia confusa de um algo ao qual essas idéias simples pertencem e no qual subsistem. Por isso, quando

falamos de qualquer tipo de substância, dizemos que é uma coisa que tem tais e tais qualidades. (II.23.3)

A substância é, assim, o substrato das qualidades, mas a idéia desse substrato é uma idéia confusa. Ela permite, entretanto, compreender por que as idéias não são simples justaposições dadas na experiência, às quais o entendimento confere unidade, e que as qualidades dependem de um suporte no qual elas subsistem. É nesse sentido, e graças à idéia (confusa) de substância, que temos o hábito de falar de uma *coisa*. Locke concorda com Gassendi, que aceitava, com Descartes, que a substância pode ser separada dos acidentes, mas recusava que ela pudesse ser concebida de forma clara e distinta.[6] Não sabemos, assim, o que a substância é, mas temos uma idéia obscura do que ela faz.

A idéia complexa do ouro (do homem, do cavalo, etc.) está dada por um conjunto de idéias ao qual se junta a idéia confusa de que essas idéias provêm de qualidades que coexistem de um certo modo na substância. Isso quer dizer que a idéia de substância não é uma idéia sensível como o amarelo, o peso, a maleabilidade, etc., mas uma idéia cuja existência supomos para dar conta do ouro:

> as idéias de substâncias são certas combinações de idéias simples tomadas como representando coisas particulares distintas existentes por si mesmas, nas quais a idéia de substância, hipotética e confusa como é, é sempre a primeira e a principal. Assim, se juntarmos à substância a idéia simples de uma certa cor esbranquiçada, com certos graus de peso, dureza, ductilidade e fusibilidade, teremos a idéia de *chumbo*. (II.12.6)

---

6. Ver a análise feita por Ayers da teoria da substância na época anterior a Locke em *Locke: Epistemology...*, op. cit., vol. II, p. 18-30.

Locke não nega a existência da substância, mas mostra que a idéia de substância é uma suposição que torna inteligível nossa apreensão do mundo. Os comentários irônicos de Locke sobre a substância não visam negar sua existência, mas sim mostrar que os filósofos que fazem uso dessa noção não têm nenhuma idéia clara de sua natureza.[7] Isso não significa que a substância, ou a idéia de substância, permita explicar o mundo ou a natureza das coisas, mas que, ao apreendermos o mundo, utilizamos a idéia de um substrato que sustenta as qualidades de uma coisa. A experiência (a sensação e a reflexão) nos comunica as idéias, mas não somos capazes de compreender sua natureza ou sua causa:

> as idéias simples que recebemos da *sensação* e *reflexão* são os limites de nosso pensamento, para além dos quais a mente, por mais esforços que faça, não é capaz de avançar um passo. (II.23.29)

A idéia de substância, portanto, apenas "assinala nossa incapacidade de dar uma explicação satisfatória".[8] Ela permite dar conta do fato de que utilizamos nomes de substâncias como "ouro", "cavalo", etc. para designar um conjunto de qualidades sensíveis "que supomos unidas por meio de um certo *substrato* que dá, por assim dizer, um suporte a essas qualidades ou idéias simples que se observa existirem reunidas" (II.23.6). Todos os exemplos que Locke oferece no capítulo 23 (o Sol, o fogo, etc.) destinam-se a reforçar a análise segundo a qual a substância é incognoscível, embora essencial à nossa apreensão das coisas e à

---

7. Essa posição aparece claramente na correspondência com Stillingfleet, da qual E. McCann, "Locke's Philosophy...", fornece um excelente resumo.
8. E. McCann, "Locke's Philosophy...", op. cit., p. 84.

nossa consideração do conjunto de qualidades como estando reunidas em um sujeito.

Assim, a posição de Locke em relação à substância é ao mesmo tempo crítica e positiva. É crítica ao mostrar que o uso do conceito pelos filósofos é infundado, já que a substância é em princípio incognoscível. Os limites de nosso pensamento são dados pela experiência, e a substância não é uma idéia sensível como a redondez, o peso ou a cor amarela. Mas, ao mesmo tempo, a posição de Locke é positiva, pois ele não nega a realidade da substância, mas explica que tudo o que podemos dizer dela é que ela nos permite falar de uma coisa única, porque as qualidades estão unidas no objeto pelo suporte que as sustenta.

Como mostra McCann[9], isso significa, de um lado, que nossa idéia de substância contém o fato de que ela sustenta as qualidades – e não que a substância é, como queria a filosofia clássica, o que resta quando se retiram dela todos os acidentes. Por outro lado, isso significa que a idéia de substância não tem nenhuma função filosófica além de justificar o fato de que não podemos conceber as qualidades existentes em si mesmas, independentemente de um suporte.

Locke está pronto a aceitar a existência da substância, mas esta não tem nenhuma serventia para explicar nossa apreensão do mundo ("a explicação inteligível das qualidades dos corpos"), a qual, como vimos, depende do mecanismo corpuscular. O que o mecanismo corpuscular não explica, por exemplo o modo pelo qual as qualidades primárias causam as qualidades secundárias, tampouco o conceito de substância permite dar conta. Nesse sentido, como conclui McCann, a doutrina da substância é parte importante do mecanismo lockeano, e sua incognoscibilidade lhe permite opor-se à escolástica ou ao cartesianismo.

---

9. Op. cit., p. 83-4.

A interpretação da substância

Os debates sobre a concepção lockeana de substância são muito importantes e, mesmo que não seja possível entrar aqui em detalhes, é conveniente notar as várias direções tomadas pelos críticos de Locke. As diferentes críticas e análises sublinham certas dificuldades inerentes à teoria lockeana.

Durante a vida de Locke, Stillingfleet pensava que a concepção que Locke tinha da substância equivalia a negar sua existência. Ele exprimia seu temor de que uma substância interpretada como obscura e incognoscível abrisse caminho para o ateísmo, ou pusesse em questão a doutrina da Trindade.

Confrontado a essa crítica, Locke reafirma a existência da substância e explica que está tratando apenas da *idéia* de substância, que é confusa.

Para Leibniz, se a substância for efetivamente o que resta quando se retiram da coisa todos os seus acidentes, é claro que ela só pode ser incognoscível:

> Ao distinguir duas coisas na substância, os atributos ou predicados, e o sujeito comum desses predicados, não é de espantar que nada de particular possa ser concebido sobre esse sujeito. E deve ser assim, pois onde quer que se buscasse conceber algum detalhe, todos os atributos já teriam sido retirados.[10]

Como conceber a substância, e com isso sua importância filosófica, negando ao mesmo tempo que ela possa ser considerada pela mente? Como pode a substância ter uma natureza oculta e estar simultaneamente despojada

---

10. Leibniz, *Novos ensaios sobre o entendimento humano*, II.23.2.

de todos os seus atributos? Nesse sentido, há uma contradição lógica em dizer que a substância tem uma natureza incognoscível e, ao mesmo tempo, que ela está separada de todos os atributos. Para Leibniz, a abstração própria ao conceito de substância não é "tão vazia e estéril quanto se pensa. Dela nascem muitas das mais importantes conseqüências da filosofia, e que são capazes de dar-lhe uma nova face".[11]

A crítica leibniziana é provavelmente uma das que teve a mais extensa "descendência" na literatura filosófica, e alguns comentadores de Locke reivindicam, sob certas formas, essa análise. A dificuldade da posição de Locke decorreria do fato de que a teoria do substrato "requer um conteúdo", ao passo que este foi "despojado de todo conteúdo".[12] Essa análise supõe que a substância seja um puro sujeito lógico, o que não é o caso na análise lockeana.

Berkeley ataca Locke de uma outra perspectiva, fixando-se particularmente na substância material. Segundo ele, a posição lockeana é indefensável porque não é possível conceber em que sentido a substância pode sustentar os acidentes, nem compreender qual é a idéia desse ser geral que seria a substância. Discorrer sobre a substância nesses termos seria um empreendimento fútil. Para Berkeley, assim, uma coisa não é senão um conjunto ou feixe de qualidades, e não se pode considerar a existência da substância material; esta não é nada além das idéias.[13] Mas atribuir essa posição a Locke é imputar-lhe uma teoria "positiva" da substância, ao passo que o que ele faz é apenas explicar de que maneira a teoria da substância, que faz parte de nosso aparelho conceitual, deve ser compreendida.

---

11. Ibid.
12. J. Bennett, op. cit., p. 132.
13. Essa crítica corresponde à crítica que faz Berkeley das qualidades secundárias, as quais, segundo ele, são apenas idéias no espírito.

Para Locke, contrariamente a Berkeley, a substância jamais se identifica a um conjunto de idéias.

Os comentários modernos da teoria de Locke retomam freqüentemente essas críticas originárias da tradição para tentar resolver essas dificuldades. A interpretação mais refinada, e ao mesmo tempo uma das mais controversas, é dada por Ayers.[14]

Resumida a uma frase, a interpretação de Ayers liga a substância à essência real. Isso não quer dizer que o conceito de substância seja idêntico ao conceito de essência real, mas que designam a mesma coisa. Para Locke, a substância e a essência real são ambas incognoscíveis. A substância é incognoscível como aquilo que dá suporte às qualidades das coisas; a essência real é incognoscível como estrutura interna das coisas. A essência real de uma substância é também o substrato das qualidades. Isto quer dizer que há, para Ayers, uma distinção no uso dos termos entre a substância e a essência real, mas não naquilo que eles designam.

A diferença entre as duas abordagens decorre do fato de que, no caso da substância, analisamos a maneira pela qual as qualidades são sustentadas pela substância, ao passo que, no caso da essência real, perguntamo-nos pela maneira como as qualidades são causadas.

Nesse sentido, não haveria dois níveis, mas apenas um: para Locke, segundo essa exposição, dizer que a substância é incognoscível e que a essência real é incognoscível não é situar-se em dois diferentes níveis metafísicos. Ayers refuta assim a idéia de que a substância seria um puro sujeito lógico, incognoscível em princípio.[15] Para Locke, como para Gassendi, separar os acidentes da substância não é, como queria Leibniz, chegar a um sujeito abstrato,

---

14. M. Ayers, *Locke: Epistemology...*, e Ayers, "The Foundations...".
15. M. Ayers, *Locke: Epistemology...*, vol. II, p. 29-50; e "The Foundations...", p. 35.

ontologicamente diferente dos atributos, mas sim constatar simplesmente que tudo o que conhecemos de um objeto são as qualidades, e que resta uma parte incognoscível que não tem, no entanto, um estatuto ontológico próprio.[16] O conceito de substância permite referir-se ao que é incognoscível, mas a substância, ela mesma, é constituída de uma estrutura, designada alternativamente pela essência real. A substância não é ontologicamente distinta da essência real.

O problema central dessa análise[17] é que, embora ela dê conta perfeitamente das dificuldades que a teoria da substância poderia encontrar, e elimine igualmente bem os obstáculos levantados, em particular por Leibniz, em nenhuma parte do *Ensaio* Locke identifica claramente as duas noções. Isso se deve sobretudo, diz Ayers, ao valor polêmico da argumentação de Locke, mas permanece o fato de que, se Locke tivesse desejado identificar ontologicamente a substância e a essência real, é provável que o tivesse feito...

Mackie, discutindo a teoria de Locke, distancia-se um pouco da posição de Ayers. Para ele, mesmo se a interpretação que faz da substância a essência real estiver próxima do que diz Locke, ou do que ele deveria ter dito, Locke mantém não obstante a idéia de um substrato subjacente a todas as propriedades, incluindo-se as que constituem a essência real.[18] Para Mackie, a teoria da substância e das essências reais deveria ter se desenvolvido de acordo com os seguintes princípios. As substâncias são constituídas de qualidades e têm igualmente uma constituição interna que reúne essas qualidades, das quais ela é a origem. Essa constituição interna é desconhecida e dela só temos uma

---

16. M. Ayers, *Locke: Epistemology...*, vol. II, p. 29.
17. E. McCann, "Locke's Philosophy...", in N. Jolley, op. cit.
18. J. L. Mackie, *Problems...*, op. cit., p. 80-1.

idéia relativa, não uma idéia clara. Por outro lado, a constituição interna de diversas substâncias de mesma espécie é provavelmente idêntica (diferentes cavalos, diferentes pedaços de chumbo, etc.), o que permite falar da essência real das espécies naturais. Mas as substâncias que agrupamos segundo sua essência nominal podem ter, em princípio, diferentes essências reais. A substância é, então, aquilo de que a essência nominal é uma denominação particular; é um conceito geral suscetível de ser determinado pela essência real.

Alguns filósofos, acrescenta Mackie, introduziram a noção de um substrato subjacente a todas as propriedades e qualidades, e do qual estas têm necessidade para coexistir. Mas a noção de um substrato assim desenvolvida seria ainda mais obscura que a idéia de essência real e, nesse sentido, não temos nenhuma razão válida para postular um substrato subjacente a todas as propriedades. Isso não equivale, como explica finalmente Mackie, a pôr em dúvida a existência objetiva de substâncias particulares, dotadas de propriedades, de poderes e de essências reais, mas simplesmente a recusar um nível de generalidade que não dá conta de nenhum dos fenômenos físicos.[19]

Uma última interpretação da substância segundo Locke permite enfim compreender como as dificuldades colocadas pela teoria podem ser resolvidas. Jolley[20] defende a teoria de Locke mostrando por exemplo que a substância permite pensar o fato de que qualidades não podem existir independentemente de um suporte; o exemplo do gato de Cheshire, de Lewis Carroll, que desaparece deixando apenas seu sorriso, mostra muito bem que, para que haja

---

19. Ibid., p. 82-3.
20. N. Jolley, op. cit.

sorriso, é preciso que alguma coisa ou alguém sorria. A hipótese da substância dá conta de tais paradoxos. Retomando a objeção de Leibniz, Jolley mostra que a análise da substância é uma análise da substância tal como nós a concebemos. Dizer que a substância é incognoscível não é, então, ceder à contradição de Leibniz, mas mostrar que a substância é incognoscível para nós.

Jolley estabelece, assim, um contraste entre nossa percepção da substância e a percepção de Deus. A idéia da substância tal como ela aparece a Deus (lhe) permitiria compreender de que modo as propriedades coexistem em uma coisa única. A parte incognoscível da substância corresponde então ao hiato entre nossa idéia obscura da substância e a idéia perfeita da substância em Deus. O problema filosófico do que é uma coisa, que remonta a Aristóteles, continua a ser um problema para nosso entendimento, mas revela ao mesmo tempo seus limites em relação ao conhecimento divino.

Conclusão

A teoria da substância de Locke é um dos pontos mais essenciais de sua doutrina filosófica, e também um dos mais controversos. É essencial porque diz respeito à ontologia, à natureza das coisas, e ao conhecimento ou o acesso que podemos ter a elas. Mas é também um dos mais controversos porque, como mostram as interpretações acima esboçadas, a substância é definida de forma muito pouco clara.

Ao insistir, especialmente no capítulo 23 do livro II, no fato de que não podemos ter senão uma idéia confusa da substância, nem chegar a sua natureza secreta, Locke expõe os limites de nosso conhecimento. Seu ceticismo ontológico, ou antes seu agnosticismo (para retomar a expressão que lhe é muitas vezes atribuída nesta questão), depende de sua teoria das essências e da natureza corpuscular dos fenômenos físicos. Com efeito, dado que o conhecimento tem sua origem apenas na experiência, pela sensação ou reflexão, tudo o que se situa para além disso é incognoscível. Ora, as qualidades de um objeto bastam para explicar que formamos idéias desse objeto. Para formar a idéia do chumbo, ou de um pedaço de chumbo, basta que meu entendimento se apóie sobre a combinação de uma cor esbranquiçada, de peso, de dureza, de maleabilidade, etc., juntada à idéia confusa de substância, isto é, a idéia de unidade dessas qualidades coexistentes. É o modo pelo qual essas qualidades são produzidas que marca o limite de nossa compreensão do mundo.

Quer se adote a leitura de Ayers, que vê a substância como equivalendo, em extensão, à essência real, quer se aceite, com McCann, como fiz aqui, a hipótese de que o conceito de substância tem antes de tudo uma função crítica diante da tradição filosófica e de nossa acepção corrente dessa noção, o que é essencial na doutrina da substância é que ela mostra que não podemos atingir um conhecimento direto e total da natureza das coisas. Estamos, ao contrário, limitados:

> [supomos] a noção de substância quando nos apercebemos de que não podemos imaginar as qualidades existindo por si mesmas, ou uma em outra. Isso não quer dizer que, ao invocar essa noção, estejamos explicando o que quer que seja; deveríamos antes dizer, sobretudo ao se considerar seu tênue conteúdo [...], que essa idéia não faz mais que assinalar aqui nossa incapacidade de fornecer uma explicação satisfatória.[21]

---

21. E. McCann, "Locke's Philosophy...", p. 84.

5
O conhecimento

No livro IV do *Ensaio*, inteiramente consagrado à análise do conhecimento, Locke oferece uma definição muito simples dessa noção:

> O conhecimento parece-me não ser nada mais que *a percepção da conexão e concordância, ou oposição e discordância, entre quaisquer de nossas idéias.* (IV.1.2)

O conhecimento baseia-se nas idéias, é uma atividade do entendimento e não um conceito exterior a este; diz respeito ao elo ou relação entre idéias, consideradas como objetos do entendimento. Como de costume, essa definição é ao mesmo tempo polêmica, pois se opõe à doutrina escolástica do conhecimento, e prospectiva, pois estabelece simultaneamente a natureza do conhecimento e seus limites.

Como o conhecimento se funda na percepção das idéias e em seu eventual acordo ou desacordo, os limites e a realidade do conhecimento estão dados pela consideração das idéias. O conhecimento é real, explica Locke, porque se baseia nas idéias, e não pode, portanto, ser tomado como uma simples quimera ou imaginação do espírito:

Nosso conhecimento, portanto, só é real na medida em que há uma *conformidade* entre nossas idéias e a realidade das coisas. (IV.4.3)

Locke opõe, de um lado, o conhecimento à crença, e mostra que crer é estar persuadido da verdade de uma proposição sem conhecer sua verdade; ele não estabelece, assim, uma continuidade entre o saber e a crença, mas opõe claramente os dois. O ceticismo lockeano, que se exerce, como vimos, com relação a nossa percepção do mundo e sua ontologia, encontra assim a mais clara definição de sua natureza.

A partir de sua definição do conhecimento, Locke introduz muitas distinções importantes: entre a forma como opera o acordo ou desacordo entre as idéias, entre os dois estados em que o espírito pode se encontrar quando atinge o conhecimento e entre os três graus de conhecimento.

As divisões do conhecimento: os graus

Locke distingue claramente três tipos de saber: o conhecimento *intuitivo*, o conhecimento *demonstrativo* e o conhecimento *sensível*. Esses graus, segundo a definição acima, estão determinados pelo tipo de acordo entre as idéias que o entendimento percebe.

O conhecimento *intuitivo* é dado pelo acordo imediato que a mente percebe entre duas idéias, sem intervenção de uma terceira. Por exemplo, ao perceber o branco, percebo, ao mesmo tempo, que ele é diferente do negro:

> Neste caso a mente não tem de esforçar-se para provar ou examinar, mas percebe a verdade assim como o olho percebe a luz tão logo se volta para ela. (IV.2.1)

A percepção imediata dessas idéias e de sua relação conduz assim a um conhecimento dotado de certeza.

O conhecimento *demonstrativo* é aquele em que o elo entre duas idéias é estabelecido por intermédio de uma terceira idéia, não no sentido de um silogismo, mas antes de um encadeamento. Como o acordo entre as duas idéias não é perceptível de imediato à mente, esta deve buscar esse acordo, ou seja, raciocinar.

Locke vale-se do exemplo do triângulo: a soma dos três ângulos de um triângulo é igual a dois ângulos retos, mas, como a mente não pode perceber imediatamente os três ângulos de um triângulo e compará-los imediatamente a dois ângulos retos, ela precisa de intermediários em seu raciocínio, antes de chegar a esse conhecimento. A demonstração que se baseia em idéias intermediárias, ou provas, permite assim atingir o conhecimento, e a cada etapa ela se apóia no conhecimento intuitivo da relação entre as idéias que são introduzidas. O resultado do raciocínio merece o nome de conhecimento, pois chega à comparação e ao acordo entre duas idéias – no exemplo dado, a soma dos ângulos de um triângulo e dois ângulos retos.

Esse grau de conhecimento e os caminhos pelos quais a mente chega a ele não devem ser assimilados ao silogismo, do qual Locke afirma claramente que não é de nenhuma utilidade para o conhecimento. Mais uma vez, o alvo é a escolástica. A diferença entre o princípio de encadeamento e o silogismo é crucial: o encadeamento baseia-se no conhecimento intuitivo que se manifesta a cada etapa do raciocínio pela relação entre duas idéias; o silogismo impõe uma regra à mente. O entendimento tem uma disposição natural de perceber a relação entre as idéias, sem estar coagido ao respeito às regras do silogismo (IV.17.4). Para Locke, o silogismo jamais serviu senão para conquistar a vitória na argumentação, e não ao conhecimento que pretendia servir.

Se o conhecimento *demonstrativo* é certo, ele não atinge, no entanto, o mesmo grau do conhecimento *intuitivo*, visto que é necessário um trabalho mental para a percepção da relação entre as idéias. Além disso, no início da demonstração, quando a percepção da relação entre as idéias ainda não está clara para a mente, a dúvida é possível. O conhecimento intuitivo, por sua vez, não deixa absolutamente lugar para a dúvida. Do mesmo modo, a clara evidência do conhecimento intuitivo perde sua força na construção do conhecimento demonstrativo, como conseqüência desse trabalho mental. Quando o raciocínio se produz, ele se apóia a cada etapa sobre o acordo entre as idéias intermediárias e a idéia da qual se partiu, mas uma longa cadeia de raciocínios impede que todas as etapas estejam presente à mente de uma só vez; nessa perspectiva, é a memória que deve garantir a justeza da demonstração. E é aí, escreve Locke, que pode surgir o erro:

> Ocorre portanto que esse [conhecimento demonstrativo] é mais imperfeito que o conhecimento intuitivo, e que os homens freqüentemente aceitam falsidades como demonstrações. (IV.2.7)

Esse conhecimento, dado que repousa exclusivamente sobre o conhecimento intuitivo a cada etapa do raciocínio, satisfaz inteiramente as exigências que permitem considerá-lo como conhecimento.

Por fim, o conhecimento *sensível*: ele não tem o mesmo grau de certeza que os outros dois tipos, mas pode, não obstante, pretender o título de conhecimento. Diz respeito à existência dos objetos do mundo exterior. É preciso distinguir aqui entre o conhecimento intuitivo que tenho da idéia de um objeto (esta mesa, este computador) e a própria existência do objeto. Contudo, como explica

Locke, não é permitida a dúvida sobre a existência de objetos exteriores que afetam nossos sentidos:

> Se há algo além dessa mera idéia em nossas mentes, se podemos inferir com certeza a partir dela a existência de alguma coisa fora de nós que corresponda a essa idéia, isso é algo que alguns julgaram que se poderia pôr em questão, pois os homens podem ter tais idéias em suas mentes quando não existe nenhuma coisa que lhes corresponda, nenhum objeto que afete seus sentidos. Mas penso, quanto a isso, que estamos providos de uma evidência que nos coloca fora do alcance da dúvida. (IV.2.14)

Dado que os sentidos indicam-me imediatamente a presença do objeto exterior, do qual minhas idéias são o signo, tem-se aí, para Locke, um efetivo conhecimento. O raciocínio não intervém nesse tipo de conhecimento; são os sentidos que me permitem atingi-lo. Os sentidos não são suscetíveis de erro, e Locke recusa desse modo o ceticismo radical que o levaria a duvidar da existência do mundo exterior. Se há ceticismo na filosofia lockeana, ele diz mais respeito ao conhecimento que se pode ter do mundo, como já notamos, do que à sua existência.

O grau de certeza de um conhecimento não depende da percepção das idéias, mas da clareza na percepção da relação entre elas. Essas divisões, ao mesmo tempo, organizam claramente o conteúdo do conhecimento, ao introduzir distinções que dizem respeito a sua natureza e identificam o que hoje denominaríamos nossas capacidades *cognitivas*. O conhecimento intuitivo, que é imediato, está na base do conhecimento demonstrativo, que procede do raciocínio; mas cada etapa do raciocínio está baseada na capacidade de conceber imediatamente a relação entre duas idéias. O conhecimento sensível, por sua vez, envolve os sentidos como a faculdade que permite atingir o conhecimento.

O elo direto percebido pela mente entre as idéias e o mundo permite não apenas eliminar a dúvida sobre a existência deste, mas ainda indicar claramente o papel dos sentidos na constituição do conhecimento.

As divisões do conhecimento: os tipos

Além de ser suscetível a diversos graus, o conhecimento também pode se desdobrar em quatro modalidades diferentes. Há quatro tipos possíveis de acordo entre diferentes idéias (IV.1.3):
1. *Identidade* ou *diversidade.*
2. *Relação.*
3. *Coexistência* ou *conexão necessária.*
4. *Existência real.*

A *identidade* permite compreender o que é uma idéia em si mesma, e que ela difere de uma outra idéia. Esse tipo de acordo está no princípio do conhecimento intuitivo porque o entendimento percebe imediatamente, por exemplo, que o branco não é o vermelho, que o redondo não é o quadrado. Esse conhecimento é indubitável, e se porventura a dúvida se introduz, ela diz respeito antes aos nomes que às próprias idéias.

Também a *relação* está na base do conhecimento intuitivo, pois é justamente ela que permite comparar, relacionar, confrontar duas idéias para examinar seu eventual acordo ou desacordo. Por exemplo, é o ato de relacionar a soma dos ângulos de um triângulo com dois ângulos retos que permite chegar ao conhecimento.

Como nota Ayers, a distinção entre a identidade e a relação está na origem da distinção kantiana entre proposição analítica e proposição sintética.[1] A identidade, que

---

1. M. Ayers, *Locke: Epistemology...*, vol. I, p. 101. Ver Kant, *Crítica da razão pura*, Introdução, IV: "Em todos os juízos nos quais se pensa a

engendra definições, não faz progredir o conhecimento, ao passo que a relação permite atingir um saber de uma ordem diferente. A diferença entre esses dois tipos de proposições deve-se ao fato de que, no segundo caso, emprega-se uma proposição para dizer alguma coisa a propósito de uma outra proposição:

> Podemos conhecer a verdade e desse modo ter certeza em relação a proposições que afirmam algo de uma outra proposição que é uma conseqüência necessária de sua precisa idéia complexa, mas não está contida nela, como a de *que o ângulo externo de todos os triângulos é maior que qualquer um dos dois ângulos internos opostos*. Como a relação do ângulo externo com qualquer um dos ângulos internos opostos não faz parte da idéia complexa significada pelo nome triângulo, esta é uma verdade real que veicula consigo um conhecimento real e instrutivo. (IV.8.8)

O terceiro tipo de relação de acordo ou desacordo entre idéias diz respeito às substâncias. Por exemplo, dizer que o ouro é estável é dizer que a idéia complexa de ouro está sempre acompanhada da idéia de indestrutibilidade pelo fogo. Trata-se aí de coexistência ou de conexão necessária, pois a idéia complexa de ouro não contém a idéia de resistência ao fogo, mas corresponde a um atributo (necessário) do ouro. Se se tratasse de uma idéia simples, contida na idéia complexa de ouro (por exemplo, "o ouro

---

relação do sujeito com o predicado [...] essa relação é possível de dois modos: ou o predicado *B* pertence ao sujeito *A* como alguma coisa que está contida (de maneira oculta) nesse conceito *A*; ou *B* está inteiramente fora do conceito *A*, embora em conexão com ele. No primeiro caso, denomino o juízo *analítico*; no outro, *sintético*".

é amarelo") estaríamos então no primeiro caso, o da identidade, pois o amarelo está contido na idéia complexa de ouro. Locke observa que a identidade e a coexistência podem ser consideradas literalmente como relações, mas que os gêneros de conhecimento aos quais dão origem são suficientemente distintos para serem considerados como de espécies diferentes.

O quarto tipo diz respeito à existência fora da mente do objeto do qual a idéia do entendimento é o signo. Afirmar a existência de alguma coisa é, nesse caso, introduzir uma relação entre uma idéia e a idéia da existência dessa coisa. É nesse sentido que o conhecimento que leva à afirmação de existência dos objetos do mundo corresponde bem à definição geral de conhecimento descrita no início do livro IV. Mais particularmente, esse quarto tipo de acordo entre idéias pode levar à consideração da existência de objetos exteriores, caso em que trata de conhecimento sensível; ou à consideração da existência de Deus que está, para Locke, sujeita a demonstração; ou, ainda, à apreensão de nossa própria existência, e nesse caso trata-se de conhecimento intuitivo.

Essas diferentes maneiras de perceber a relação entre duas idéias levam Locke a analisar o conhecimento não mais segundo seus conteúdos, mas segundo seus modos de constituição. A natureza da relação entre idéias permite com efeito estabelecer uma distinção entre o conhecimento analítico, fundamental para o pensamento, mas que não acarreta imediatamente um crescimento de nosso saber, e o conhecimento que Kant denominava sintético, que permite atingir um saber não trivial.

Além disso, a apreensão das substâncias e de seus atributos conduz à constituição de conhecimento quando se verifica que um atributo sempre coexiste com uma substância, mas que a idéia desse atributo não está contida na idéia complexa daquela substância. Enfim, o conhecimento da existência de objetos fora do mundo é função da constituição particular desse tipo de conhecimento, pois depende da capacidade do entendimento de estabelecer uma ligação entre as coisas e as idéias, estas sendo os signos daquelas.

As divisões do conhecimento: a memória

Por fim, Locke mostra que a mente é capaz de atingir dois tipos de conhecimento, o conhecimento *atual* e o conhecimento *habitual*. No conhecimento atual, a mente tem uma percepção presente da relação entre as idéias. No conhecimento habitual, a mente percebeu a conexão entre as idéias, mas essa conexão não está mais presente, embora possa ser reavivada pela memória. Assim, conheço todas as verdades que estão em minha memória, mesmo que não estejam todas elas presentes ao mesmo tempo à minha mente.

O conhecimento habitual é, por sua vez, de dois tipos. No primeiro tipo, lembrar-se de uma verdade é lembrar-se igualmente da prova que a acompanha; são essas verdades, armazenadas na memória, que não se apresentam à mente sem que esta efetivamente perceba a relação existente entre essas idéias (IV.1.9). No segundo tipo, lembrar-se da verdade é lembrar-se da conclusão do raciocínio sem lembrar-se das provas.

É por exemplo a imutabilidade das idéias, e de sua relação, que me garante a verdade desse tipo de conhecimento: posso lembrar-me de que a soma dos ângulos de um triângulo é igual a dois retos sem me lembrar das etapas que me permitem afirmar isso. Se essa proposição era verdadeira quando percebi sua demonstração, sei que o conhecimento dela está assegurado, mesmo quando não tenho mais presente ao espírito todas as etapas do raciocínio. É só sob essa condição que pode haver conhecimento em matemática. Do mesmo modo, diz Locke, Newton tinha um conhecimento fundado sobre todas as proposições contidas em sua obra, mas não tinha necessariamente presente ao espírito a cadeia que lhe permitiu chegar a esse saber.

O papel da memória é crucial. Ela não constitui uma faculdade cognitiva da mesma natureza que os sentidos. A memória é como o reservatório das idéias ou das proposições verdadeiras que são percebidas de novo pelo entendimento; mas não é jamais tão clara quanto a própria percepção. A memória assim considerada se encontra na base do conhecimento demonstrativo, pois só ela permite testemunhar a percepção passada das diversas etapas de um raciocínio. É por isso que o conhecimento intuitivo é sempre mais seguro que o conhecimento demonstrativo.

Os limites do conhecimento

Como é seu costume, Locke, ao analisar o conhecimento, revela seus fundamentos e sua constituição, ao mesmo tempo que delineia seus limites. Há sempre, para ele, uma parte incognoscível, uma região da mente em que a análise não pode se aventurar.

Essa região foi demarcada nas seções precedentes; como todo conhecimento é a percepção de uma relação entre idéias, não poderia haver conhecimento que se aventurasse *para além* das idéias. A natureza dessa relação, por outro lado, foi dada precisamente pelos graus do conhecimento, apoiando-se quer na intuição, quer na demonstração, quer na sensação. Esses gêneros de conhecimento são, de resto, complementares, pois o conhecimento geral não pode reduzir-se nem ao conhecimento intuitivo, nem ao raciocínio, nem à sensação. Sem conhecimento intuitivo não há conhecimento demonstrativo; sem conhecimento demonstrativo o saber corre o risco de ser trivial, dada nossa incapacidade de perceber muitas idéias ao mesmo tempo. A tarefa da filosofia é crítica, no sentido de que ela mostra os limites de nosso entendimento, mas é também prospectiva, pois assinala até onde nosso conhecimento pode ser levado:

> A extensão de nosso conhecimento fica aquém não apenas da realidade das coisas, mas até mesmo da extensão de nossas próprias idéias. [...]
> Não questiono, entretanto, que o conhecimento humano, sob as presentes circunstâncias de nosso ser e de nossa constituição, poderia ser levado muito mais longe do que até agora, se os homens empregassem sinceramente e com liberdade de pensamento toda sua diligência e esforço mental no aperfeiçoamento dos modos de descobrir a verdade. (IV.3.6)

Os limites e o progresso possíveis dependem muito naturalmente de nossas idéias e do modo como estas se relacionam. No que diz respeito à identidade e à diversidade, como se trata de conhecimento intuitivo e imediato, o conhecimento "é tão extenso quanto nossas próprias idéias" (IV.3.8). A coexistência é o ponto em que aparecem mais visivelmente os limites de nosso conhecimento. O saber que se refere às substâncias está limitado pelo fato de que ignoramos todas as conexões que existem entre as idéias de uma substância, e, mais particularmente, entre as idéias simples que formam nossa idéia complexa dessa substância. As qualidades secundárias de uma substância dependem, como vimos, de suas qualidades primárias, mas a maneira pela qual as qualidades primárias das *partículas* causam essas qualidades secundárias é, por sua vez, completamente desconhecida:

> Como nossas mentes não são capazes de descobrir nenhuma conexão entre essas qualidades primárias dos

corpos e as sensações que elas produzem em nós, jamais conseguiremos estabelecer regras certas e indubitáveis quanto à conseqüência ou coexistência de quaisquer qualidades secundárias. (IV.3.13)

Nossa ignorância da estrutura da substância, isto é, nossa ignorância de sua essência real, não nos permite em nenhum caso atingir um conhecimento seguro. Locke explica, assim, que nosso conhecimento nesse campo está limitado pela experiência (IV.3.14-16). Se a mente percebe as qualidades da substância por intermédio das idéias que dela forma, ela não pode, por outro lado, obter um conhecimento dos mecanismos das qualidades ou das potências de um corpo dado. Como ignoro a essência real das coisas – necessariamente diferente da essência nominal que formo delas –, não posso alcançar um conhecimento certo; estou, ao contrário, limitado pelo que me indicam as idéias que recebo da experiência. É nesse sentido que o conhecimento que se baseia na coexistência é, diz Locke, "muito estreito, e se reduz quase a nada" (IV.3.10). E se não posso alcançar um conhecimento certo dos corpos, a situação é *a fortiori* mais complexa para o conhecimento das mentes.

As demais relações além da identidade e da coexistência definem as formas de conhecimento mais importantes, cujos contornos, por essa razão, são mais fluidos. Esse conhecimento depende essencialmente do raciocínio e de nossa capacidade de formar idéias intermediárias que permitam estabelecer ligações entre as idéias; ele é, portanto, suscetível de progressos não previsíveis e de limites que não podemos discernir:

> Dado que os avanços que se fazem nesta área do conhecimento dependem de nossa *sagacidade* em encontrar idéias intermediárias que possam mostrar as relações de

idéias cuja coexistência não é considerada, é muito difícil distinguir quando estaríamos ao final de tais descobertas. (IV.3.18)

As proposições da moral, como as proposições da matemática, são especialmente suscetíveis de demonstração e de dar origem a um conhecimento certo.[2] Por exemplo, a proposição segundo a qual nenhum governo concede uma liberdade absoluta é uma proposição certa, pois a idéia de governo consiste em fundar a sociedade sobre regras, e a idéia de liberdade absoluta é precisamente a ausência de regras às quais cada qual deveria conformar-se. Do mesmo modo:

> A proposição *onde não há propriedade não há injustiça* é tão certa quanto qualquer demonstração em *Euclides*, pois, como a idéia de propriedade é a de um direito a alguma coisa, e a idéia à qual se dá o nome de *injustiça* é a de violação ou invasão desse direito, é evidente que essas idéias, tendo sido assim estabelecidas, e esses nomes a elas anexados, posso conhecer a verdade dessa proposição com tanta certeza quanto a de que um triângulo tem três ângulos iguais a dois ângulos retos. (IV.3.18)

Essa análise permite classificar as ciências em função do grau de certeza que podem atingir. Para Locke, a moral, suscetível de demonstração e capaz de conduzir a uma conclusão certa, deve ser erigida em ciência, pois baseia-se na consideração das ligações entre idéias. Esse é certamente o caso da matemática (a geometria), da qual Locke

---

2. Em III.11.16-17 Locke explica que só a moral e a matemática são suscetíveis de demonstração. Os termos da moral só podem ser compreendidos por meio de definições, e essas definições permitem conhecê-los exatamente.

mostra que se baseia em idéias sem a intermediação sempre incerta da linguagem e do raciocínio. Os diagramas são sua marca:

> Diagramas traçados no papel são cópias das idéias na mente, e não sujeitos à incerteza que as palavras carregam em sua significação. Um ângulo, círculo ou quadrado traçado em linhas está exposto à vista e não pode conduzir a enganos; permanece invariável, e pode ser considerado e examinado com vagar, a demonstração pode ser revista, repassando-se cada uma de suas partes, sem nenhum perigo de que ocorra a menor mudança nas idéias. (IV.3.19)

Por outro lado, a física não é suscetível de conhecimento certo, pois está limitada pela experiência. A distinção que Locke estabelece entre essência real e essência nominal explica perfeitamente esses limites que a física encontra. A essência real das coisas nos é desconhecida; formamos delas apenas uma essência nominal, que corresponde a nossa idéia complexa. Nosso conhecimento, que depende unicamente de nossas idéias, está, portanto, limitado pela natureza delas e pelo fato de que o entendimento não pode ter um conhecimento das coisas sem a intermediação das idéias. A teoria corpuscular, da qual Locke diz várias vezes que não é senão a hipótese mais clara para dar conta das qualidades dos corpos, não é de modo algum um conhecimento certo. As causas das propriedades das coisas nos são desconhecidas, pois ignoramos, de um lado, sua essência real e, de outro, a maneira pela qual os corpúsculos provocam os fenômenos observáveis.

É por isso que a filosofia natural (a física) não é suscetível de se tornar uma ciência com o mesmo direito que a matemática ou a moral. Enquanto o conhecimento moral ou matemático pode progredir pela aplicação do entendimento e pelas ligações que ele pode estabelecer entre as idéias, isto é, por sua capacidade de raciocinar, a filosofia natural não pode progredir senão pela experiência:

> Por mais que a diligência humana possa fazer avançar uma filosofia útil e experimental acerca das coisas físicas, uma filosofia *científica* continuará sempre fora de nosso alcance, porque faltam-nos idéias perfeitas e adequadas até mesmo dos corpos que nos estão mais próximos e mais sob nosso controle. [...]
> Talvez tenhamos idéias distintas dos diversos tipos de corpos que caem sob o exame de nossos sentidos, mas suspeito que não temos idéias adequadas de nenhum deles. E embora as primeiras possam servir-nos para o uso e discurso ordinários, enquanto nos faltarem as segundas, um conhecimento *científico* não estará a nosso alcance, nem seremos capazes de descobrir verdades gerais, instrutivas e inquestionáveis sobre esses corpos. *Certeza* e *demonstração* são coisas que não devemos pretender nestes assuntos. (IV.3.26)

A contemplação das idéias das substâncias não auxilia em nada para se chegar a um conhecimento delas. Só a experiência poderá ensinar-me quais qualidades coexistem, por exemplo, com o ouro, ou se à idéia de amarelo, de peso, etc. devo acrescentar a resistência ao fogo ou a maleabilidade. E essas idéias que no início não se encontravam em minha idéia complexa de ouro agora lhe são ajuntadas, mas permanecem no domínio da essência nominal, não da essência real. As outras propriedades que, por sua vez, dependem da essência real, não podem ser conhecidas, pois a essência nominal (minha idéia complexa de ouro) difere necessariamente da essência real (a real estrutura do ouro). A conclusão cética de Locke quanto à filosofia natural é portanto notável:

Esta forma de *obter e aperfeiçoar nosso conhecimento das substâncias apenas por meio da experiência e da história*[3], que é tudo que a fraqueza de nossas faculdades pode alcançar na medíocre condição em que estamos neste mundo, faz-me suspeitar que *a filosofia natural não é capaz de tornar-se uma ciência.* (IV.12.10)

Ela é notável por diversas razões. Primeiramente porque opõe de maneira nítida a matemática e a moral à física. Em seguida porque delimita precisamente o que se pode esperar conhecer em matéria de filosofia natural tendo em conta a "fraqueza de nossas faculdades" e o papel restrito nesse domínio que Locke reconhecia à experiência: um limite *ao* conhecimento, mais que um fundamento *do* conhecimento.

É nesse sentido que Locke é um moderno: ele distingue, na ordem do conhecimento, os saberes dependentes de uma *construção*, saberes cujas causas o homem domina (donde o acoplamento tipicamente moderno da matemática e a moral), e os saberes dependentes da *experiência*, cujas causas o homem não domina (e que são reportadas a Deus como causa suprema). O empirismo de Locke não é portanto radical, já que postula que a filosofia natural é limitada pela experiência, que o mundo físico não é suscetível de nenhum conhecimento certo, pois as essências reais (consideradas ao mesmo tempo como a natureza das coisas e a causa dos fenômenos) são-me desconhecidas,

---

3. Deve-se entender "história" no sentido da Royal Society, isto é, um conjunto de observações referentes a um assunto dado (Boyle, por exemplo, escreveu uma *História geral do ar*). De forma geral, a posição de Locke relativamente à filosofia natural segue a da Royal Society, que apresentava a observação como o único meio de fazer progredir a filosofia natural. Essa doutrina está evidentemente em oposição radical à de Aristóteles, que repousava sobre a necessidade dos fenômenos derivados dos primeiros princípios.

ao passo que a moral e a geometria, repousando no entendimento e em sua capacidade de raciocinar sobre as idéias, podem ser conhecidas com certeza.

Isto quer dizer, ao mesmo tempo, que a hipótese corpuscular, embora a mais poderosa das teorias disponíveis, não pode pretender explicar todos os fenômenos, não pode pretender à verdade. Ayers compreende a prudência de Locke no assunto como uma crítica à ciência tal como existia em sua época, mais do que como um ceticismo relativo a seu desenvolvimento futuro. Locke não podia conceber a maneira pela qual a hipótese corpuscular seria provada ou refutada, nem mesmo a maneira pela qual uma classificação dos elementos poderia depender de outra coisa que não as essências nominais:

> Embora tudo isso constitua uma certa falta de visão, dado o dogmatismo dos meios à época e a extrema subestimação por muitos (especialmente pelos cartesianos) dos obstáculos que se encontram no caminho da teoria fundamental, a prudente análise [de Locke] [...] desempenhou um importante papel no progresso intelectual da humanidade. Ela permitiu não apenas desembaraçar-se das "escórias", mas injetar na interpretação da teoria de Newton desde o princípio uma saudável dose de ceticismo e autocrítica.[4]

Locke reconduz assim a tarefa fundamental do conhecimento à vida ordinária e ao progresso de nossa condição. A observação da natureza permite-nos atingir um conhecimento imperfeito, não científico, dos fenômenos, suficiente para o discurso ordinário. É a própria natureza de nosso entendimento e o conhecimento que podemos

---

4. M. Ayers, *Locke: Epistemology...*, vol. I, p. 118.

ter do mundo que nos lembram que a única tarefa na qual podemos verdadeiramente progredir liga-se à pesquisa da moral:

> É racional concluir que nossa verdadeira ocupação consiste naquelas investigações e naquele tipo de conhecimento mais adequado a nossas capacidades naturais e diz respeito a nosso maior interesse, a saber, nossa condição na eternidade. Disso penso poder concluir que *a moralidade é a ciência e o assunto próprios dos homens em geral*, interessados em procurar seu bem soberano (*summum bonum*) e preparados para essa busca. (IV.12.11)

Nesse sentido, o *Ensaio* deve também ser considerado como uma obra que tem por finalidade a determinação de nossas faculdades naturais e da extensão do poder de nossa razão, a fim de atingir os princípios de nossa conduta e de nossas ações. A filosofia política, tal como desenvolvida nos *Dois tratados*, traz sua contribuição à procura mais geral do "bem soberano"; ela determina as regras morais da ação política e dá conta das faculdades naturais dos homens no seu exercício.[5] Se há continuidade entre o *Ensaio* e os *Dois tratados*, é porque ambos têm por objetivo último conhecer os princípios de uma conduta moral, indissociável da religião.

Conhecimento e crença

Fora dos limites assim estabelecidos para o conhecimento, adentra-se os domínios da opinião e da crença. Locke explica que o espírito possui duas faculdades distintas: de um lado o conhecimento, de outro o julgamento.

---

5. R. Ashcraft, *Locke's* Two Treatises..., p. 234.

O conhecimento (entendido não como resultado mas como atividade mental) implica a percepção do acordo ou desacordo entre idéias. O julgamento corresponde ao ato de relacionar idéias quando o acordo ou desacordo entre elas não é percebido pelo entendimento mas simplesmente suposto (IV.14.4). A probabilidade é "o aparecimento dessa concordância ou discordância mediante a intervenção de provas cuja conexão não é constante e imutável, ou pelo menos não é percebida como tal" (IV.15.1). A mente pode julgar que a proposição em questão é verdadeira ou falsa sem que tenha um conhecimento intuitivo ou demonstrativo dessa proposição.

Há assim uma diferença entre um matemático, que tem um conhecimento demonstrativo do fato de que a soma dos ângulos de um triângulo é igual a dois retos, e um homem que não conhece essa demonstração, mas aceita sua conclusão confiando na palavra do matemático, e a admite como verdadeira:

> nesse caso a base de seu assentimento é a probabilidade da coisa, a prova sendo tal que traz consigo a verdade na maior parte das vezes. (IV.15.1)

A probabilidade corresponde então ao caso em que, não tendo conhecimento de certas proposições, posso aceitar sua veracidade. A diferença entre o conhecimento e a probabilidade é uma diferença de natureza, mesmo que na probabilidade se possam distinguir graus que vão da quase certeza à impossibilidade – e, conseqüentemente, graus no assentimento. No conhecimento, a mente se apóia sobre a intuição, que fornece a percepção imediata do acordo entre duas idéias, ou sobre o raciocínio, que envolve em cada etapa a intuição. Na probabilidade, ao contrário, não há intuição:

A diferença entre a *probabilidade* e a *certeza*, entre a *fé* e o *conhecimento*, é que em todas as partes do conhecimento existe intuição; assim, cada idéia imediata, cada passo tem uma conexão visível e certa, enquanto no caso da *crença* o que me faz acreditar é algo estranho à coisa em que acredito; algo que não está visivelmente conectado a ela dos dois lados, e que não exibe manifestamente a concordância ou discordância das idéias que estão sendo consideradas. (IV.15.3)

A probabilidade complementa então o conhecimento e diz respeito a proposições que podemos considerar como verdadeiras por diversas razões: a conformidade a nosso conhecimento, a nossas observações, à experiência; o testemunho de outros. A mente deve portanto, segundo Locke, examinar atentamente os fundamentos da probabilidade antes de se pronunciar em favor de uma proposição. Mas ele insiste em que essa atividade faz parte das tarefas da razão e não poderia ser considerada irracional. A história natural, a história das observações e das experiências, faz parte, por exemplo, desses fundamentos que permitem à mente pronunciar-se pró ou contra uma proposição. As questões que tratam da constituição dos corpos e de suas propriedades não dependem, como vimos, de conhecimento, mas a regularidade das observações e da experiência permite falar de probabilidade, que se aproxima da certeza:

> Essas *probabilidades* aproximam-se tanto da *certeza* que governam nossos pensamentos de forma tão absoluta e influenciam todas as nossas ações de forma tão completa quanto as demonstrações mais evidentes, e, em tudo que nos diz respeito, fazemos pouca ou nenhuma diferença entre elas e o conhecimento certo. Assim fundada, nossa crença chega à completa segurança. (IV.16.6)

Vê-se a clara diferença entre a certeza e a probabilidade, isto é, entre o conhecimento e a opinião. No caso do conhecimento, o entendimento percebe diretamente, ou por raciocínio, o acordo ou desacordo entre as idéias; na opinião, a veracidade de uma proposição (ou seja, as razões para estabelecer uma ligação entre as idéias) não repousa na percepção do entendimento, mas em razões exteriores.

Essa distinção permite a Locke, além disso, abordar a questão da fé e de suas relações com a razão. A razão é a "descoberta da certeza ou da probabilidade das proposições ou verdades que a mente conhece mediante deduções extraídas das idéias que ela adquiriu pelo uso de suas faculdades naturais", ao passo que a fé "é o assentimento dado a toda proposição que não está fundada nas deduções da razão, mas sobre o crédito daquele que as propõe como tendo vindo da parte de Deus por alguma comunicação extraordinária. Essa maneira de comunicar verdades aos homens é o que denominamos *Revelação*" (IV.18.2).

Mas Locke delimita precisamente o campo de ação da revelação, que não permite aceitar nenhuma proposição que seja contrária à percepção imediata ou ao conhecimento de que posso dispor. Por outro lado, as proposições que provêm da revelação podem igualmente ser conhecidas por meio do entendimento, e adquirem então uma certeza que não teriam se só a revelação lhes servisse de garantia. É a razão, portanto, que me permite examinar as proposições da religião, e aceitá-las ou recusá-las. As proposições que escapam ao nosso imperfeito conhecimento e que não podemos conhecer por nossas próprias faculdades, dependem da fé, quando são expressas sob a forma de proposições reveladas. Mas, ainda assim, é a razão que deve julgar se se trata realmente de proposições reveladas ou não.

A distinção traçada por Locke permite-lhe combater todos os que pretendem se opor à razão em nome da fé ou da revelação. Ao colocar a razão no cerne das questões da revelação, Locke defende a religião contra os ataques daqueles que se colocam desde o início acima da razão: é a porta aberta a todas as superstições, explica Locke (IV.18.11). Ao submeter à razão o exame das proposições da religião, ele não vai contra a religião, mas a fundamenta em diferentes princípios.

Não há dúvida de que há um ataque direto contra os católicos, que são também seu alvo nos escritos sobre a tolerância, e contra todas as intolerâncias que visam negar, em assuntos de religião, o papel crítico do homem e da razão. O que Locke recusa aqui são todos os éditos que marcam a história da religião católica, e que mascaram o uso que se deve fazer da razão. Há portanto uma profunda unidade entre os escritos sobre a tolerância e o *Ensaio* – eles participam todos do mesmo projeto, que é fundar a liberdade do homem com auxílio da razão.

A razão é uma parte essencial da revelação, pois ela nos vem de Deus. Isso significa que, para Locke, colocar a razão no centro da religião não é negar o poder da revelação ou de Deus, mas, muito ao contrário, conformar-se ao desígnio divino:

> A *razão* é uma revelação natural pela qual o Pai eterno da luz e fonte de todo conhecimento comunica à humanidade aquela porção da verdade que ele colocou ao alcance de suas faculdades naturais. E a *revelação* é a razão natural ampliada por um novo conjunto de descobertas comunicadas imediatamente por Deus, em cuja verdade a razão confia pelo testemunho e provas de que elas provêm de Deus. Assim, aquele que afasta a razão para dar lugar à revelação, extingue a luz de ambas e age como se quisesse persuadir um homem de que deve arrancar os olhos para melhor receber por meio de um telescópio a luz remota de uma estrela invisível. (IV.19.4)

O empirismo lockeano

Toda posição epistemológica de Locke visa determinar com precisão os limites de nosso conhecimento. O homem não pode saber tudo, e há províncias inteiras às quais seu entendimento não tem acesso. São as idéias que fixam os limites do conhecimento e, para além delas, o conhecimento não pode ser adquirido. Locke estabelece uma diferença de natureza entre o conhecimento e a opinião, entre as proposições que são percebidas pela mente como verdadeiras e aquelas cuja probabilidade mais ou menos forte leva-me a aceitá-las. Em certo sentido, trata-se de fundar de maneira segura nosso conhecimento e apontar tudo o que não depende dele.

Ao insistir sobre o papel da razão, sobre sua importância no conhecimento e na probabilidade, Locke prolonga suas análises no domínio da religião. Ele insiste então sobre a importância da razão na apreensão desse domínio. Os limites do poder da razão aparecem nas questões de religião, mas, ao mesmo tempo que lembra os limites de nosso saber, Locke mostra que sem a razão não poderia haver nenhuma religião verdadeira. Há uma total continuidade entre as análises do conhecimento que tratam da geometria ou da filosofia natural, e da religião. Nos dois casos, Locke insiste sobre os limites de nosso conhecimento e sobre o fato de que muitas proposições que pretendem o estatuto de conhecimento não têm direito a esse título. Isso significa deixar à conjetura, como à fé, uma província estritamente delimitada, mas da qual a razão continua participando.

Locke é ao mesmo tempo um racionalista e um empirista, mas defende versões fracas dessas doutrinas. Segundo o racionalismo, o mundo é acessível ao conhecimento, mas Locke sustenta que uma parte dos fenômenos se furta a ele (em particular, tudo o que se relaciona à filosofia da natureza).⁶ De outro lado, o empirismo de Locke não se baseia em uma defesa apaixonada do papel da experiência na formação do conhecimento. Os pontos essenciais de sua versão do empirismo são a recusa do inatismo e a tese que requer o acordo entre as proposições do conhecimento e o mundo exterior.⁷ Se todo conhecimento tem seu fundamento na experiência (as idéias dadas pela sensação ou pela reflexão), Locke distingue entretanto o conhecimento demonstrativo, que dela se afasta legitimamente. Mais precisamente, ele vê no trabalho do entendimento o elemento essencial que permite passar da recepção passiva das idéias simples à constituição do conhecimento.⁸ É nesse sentido que ele pode ser considerado como propondo uma versão fraca do empirismo.⁹

---

6. Para Ayers, a versão forte do racionalismo supõe que um método permite ao entendimento chegar ao conhecimento das leis necessárias que regem as mudanças naturais. Nesse sentido, Locke é um racionalista "fraco", pois não podemos atingir o conhecimento da necessidade intrínseca a toda mudança (M. Ayers, *Locke: Epistemology...*, vol. II, p. 154-68).
7. Em particular, o conhecimento só pode ser real se basear-se em um acordo entre nossas idéias e o mundo exterior: "Nosso conhecimento só é real na medida em que há conformidade entre nossas idéias e a realidade das coisas" (IV.4.3). Ver J. L. Mackie, *Problems...*, p. 204-25, para uma reinterpretação do empirismo de Locke. Para Mackie, o conhecimento inato é possível em princípio, mas ele conserva as teses principais do empirismo: o inatismo não garante as verdades necessárias, e o conhecimento autônomo das verdades sintéticas requer um suporte empírico.
8. Ademais, Locke reconhece ocasionalmente que a percepção não é sempre totalmente passiva, como mostra sua interpretação do problema de Molyneux (ver capítulo 3).
9. Para Jolley, ele é um empirista do conceito, e não um empirista do conhecimento, ou seja, todas as nossas idéias têm sua origem na experiência, mas a experiência não justifica sempre o conhecimento (N. Jolley, op. cit., p. 169).

6
A identidade

Locke expõe sua teoria da identidade em um capítulo que não constava da primeira edição e que ele acrescentou posteriormente. O desafio é claro: se se trata de fornecer uma concepção geral da identidade, esta deve antes de tudo dar conta da identidade pessoal e definir o que se entende por "homem". Essa definição permite a Locke principalmente compreender a ressurreição dos corpos e o juízo final, isto é, fornecer uma teoria que corresponda à idéia de justiça divina.

O aspecto essencial e primário da identidade pessoal liga-se ao fato de que o conceito de pessoa baseia-se em sua unidade – é a *mesma* pessoa que se apresenta ao julgamento divino no último dia. Mas não é exagerado dizer que este capítulo sobre a identidade é um dos mais importantes do *Ensaio* e um dos mais influentes para o desenvolvimento da filosofia inglesa; os debates sobre a identidade remontam a Locke e, tanto pelas soluções consideradas como pelo estilo de exposição, ele surge como um grande inspirador.

Locke define a identidade após o capítulo sobre a relação, e vê na comparação o princípio de uma reflexão sobre a identidade:

> Nisto consiste a *identidade*, no fato de que as idéias às quais é atribuída não diferem absolutamente do que eram

no momento em que consideramos sua existência anterior, e com a qual comparamos a existência presente. (II.27.1)

Como em todas as operações da mente, o estabelecimento da identidade baseia-se nas idéias, sua consideração, sua comparação. A definição de Locke supõe também que o problema da identidade se coloca em uma perspectiva diacrônica, já que uma coisa, para ele, é sempre idêntica a si mesma de um ponto de vista sincrônico, e de forma não problemática. Veremos que, conforme as idéias às quais a identidade se aplica, coisas ou pessoas, a teoria apresenta diferenças importantes.

A identidade das coisas

O exemplo é célebre, vem de Plutarco e foi comentado pela tradição filosófica, principalmente por Hobbes: o barco de Teseu. Considere-se um barco. Imaginemos que substituo uma prancha desse barco de cada vez e que, ao final, não reste nenhuma peça ou prancha das que originalmente faziam parte dele. O barco continua sendo sempre o mesmo, ou trata-se agora de um outro barco? Imaginemos ainda que com as pranchas que retirei do barco de Teseu eu construa ao lado um outro barco, de tal modo que ao final da operação eu disponho de dois barcos, o segundo formado de todas as pranchas originais do primeiro. Tenho agora dois barcos de Teseu lá onde antes havia apenas um? O barco de Teseu (barco 0) é o primeiro barco (barco 1), aquele cujas pranchas foram todas substituídas? Ou é o segundo barco (barco 2), que foi construído pela reunião de todas as peças do primeiro barco? Qual é o barco original?

Alternativamente: devemos dizer que uma coisa é idêntica a si mesma se estiver composta dos mesmos elementos materiais ou, ao contrário, para ser idêntica, uma coisa precisa apenas ter a mesma forma? Ou ainda, partindo de um barco, posso obter dois barcos idênticos, isto é, de um posso obter dois?

Se considero que o barco 2 é o barco de Teseu, é porque tomo como critério de identidade unicamente os elementos que compõem uma coisa, sem me importar com sua história. Se considero que o barco 1 é o barco de Teseu, então a organização dos elementos assume a primazia diante dos elementos materiais que compõem o barco. Se considero que o barco 1 e o barco 2 são ambos o barco de Teseu, isso significa que a partir de um objeto posso obter dois objetos idênticos. Para Hobbes, considerar a identidade como dependente da forma conduz a um evidente paradoxo, pois ao fim da experiência possuo dois barcos que são ambos o barco de Teseu. Sua solução consiste em dizer que nenhum dos barcos é o barco de Teseu, pois houve alteração, e para que haja identidade, segundo Hobbes, é preciso que forma e matéria permaneçam ambas inalteradas.[1]

Que diz Locke a propósito da identidade das coisas materiais? As coisas materiais são identificáveis a massas de matéria, compostas de corpúsculos. E a identidade supõe a continuidade de existência dessa coisa, ao mesmo tempo no espaço e no tempo. No tempo, inicialmente, porque para Locke a questão da identidade se coloca de forma diacrônica: uma coisa é a mesma se sua história for contínua. Uma coisa não pode, portanto, ter duas origens

---

1. Hobbes, que prefigura a concepção lockeana de identidade relativa, explica que o conceito de barco não é nem uma forma nem uma quantidade de matéria, mas um "acidente de aparência" (*shape*). É a "matéria conformada de tal maneira". Se a matéria é parcialmente substituída, o barco será parcialmente o mesmo e parcialmente diferente. Citado por M. Ayers, *Locke: Epistemology...*, vol. II, p. 212.

temporais distintas, e duas coisas diferentes não podem ter o mesmo início:

> Aquilo, portanto, que tem um mesmo começo é a mesma coisa; e aquilo que tem um começo no tempo e no espaço diferente desse, não é o mesmo, mas diverso. (II.27.1)

No que diz respeito ao espaço, se duas coisas ocupam o mesmo espaço no mesmo instante, então elas são necessariamente idênticas, pois não se pode conceber duas massas de matéria que ocupem o mesmo espaço no mesmo instante e não sejam idênticas. Disso Locke conclui que o que permite distinguir um indivíduo (*principium individuationis*) é a existência desse indivíduo em um tempo e um espaço particulares. Isso é válido tanto para as substâncias simples como para as substâncias compostas. Um átomo simples, diz Locke, é o mesmo enquanto sua existência for continuada; se ela se interromper, então não se trata mais do mesmo átomo. Do mesmo modo, uma massa de matéria, composta de dois ou mais átomos, permanecerá idêntica enquanto os átomos permanecerem unidos, "e, enquanto existirem reunidos, a *massa* composta dos mesmos átomos deve ser a mesma *massa*, ou o mesmo *corpo*, ainda que as partes estejam diferentemente arranjadas. Mas, se um desses átomos for retirado, ou um novo acrescentado, não se trata mais da mesma *massa* ou do mesmo *corpo*" (II.27.3).

Como decidir que uma coisa é a mesma coisa que ela mesma? Tudo depende da idéia que serve de ponto de referência. Para me interrogar sobre o barco de Teseu, não devo portanto interrogar-me sobre a identidade do barco de Teseu, mas antes perguntar se o barco 0 é o mesmo barco que o barco 1. Isso quer dizer que é por referência à idéia de *barco* que determino a questão da identidade.

É nesse sentido que se pode dizer que a teoria lockeana da identidade é uma teoria da identidade relativa: duas coisas não podem ser julgadas idênticas senão por relação a uma idéia que serve de referente.² Por outro lado, é preciso que haja uma continuidade na história dessas coisas.

Considerado como um *barco*, isto é, como uma embarcação capaz de navegar, etc., pode-se concluir que o barco 1 é o mesmo barco que o barco 0, pois, a despeito da substituição das pranchas, etc., há uma continuidade espaciotemporal na história desse barco. O barco 2, por sua vez, não era senão um conjunto de peças de barco antes de sua montagem completa.³

Para os seres vivos, a questão é diferente. Locke toma o exemplo de um carvalho. Em um instante t_1, um carvalho se apresenta sob a forma de uma pequena planta; em um instante t_2, ele se apresenta sob a forma de uma árvore com ramos, folhas, etc. Trata-se do mesmo carvalho? De fato, se considerarmos simplesmente a questão da massa de matéria, é claro que não se trata do mesmo carvalho, pois no instante t_2 ele está formado de átomos de matéria que não estavam presentes no instante t_1. Mas uma tal análise seria contrária à intuição. Isso significa que a questão da identidade não se aplica à mesma idéia, nem se refere à massa de matéria, mas a alguma outra coisa. Uma massa de matéria, para Locke, não é senão a coesão de corpúsculos de matéria, unidos de qualquer forma, ao passo que o carvalho depende da organização de suas partes:

---

2. Para o desenvolvimento da identidade relativa, ver J. L. Mackie, *Problems...*, p. 141 ss., e N. Jolley, op. cit., p. 103-5. Mackie explica que Locke propõe considerar "que as condições para o mesmo *x* são sistematicamente determinadas pela idéia – qualquer que seja essa idéia – de um *x*".

3. J. L. Mackie, op. cit., p. 143.

Como uma planta é algo que apresenta uma certa *organização* de partes em um corpo coeso, participando de uma vida continuada, ela continua sendo a *mesma planta* enquanto participar da mesma vida, ainda que essa vida seja comunicada a novas partículas de matéria unidas *vitalmente* à planta viva, numa mesma *organização* continuada e característica dessa espécie de planta. (II.27.4)

Não é portanto necessário que haja identidade da massa de matéria para que haja identidade do ser vivo.

E o mesmo vale, como Locke explica, para um relógio cujas engrenagens ou partes diversas podem ser substituídas, aumentadas ou diminuídas, sem que o relógio deixe de ser o mesmo relógio, desde que tenha uma história contínua de existência (II.27.5). E a identidade se aplica aos animais da mesma maneira que aos mecanismos como o do relógio. Um potro pode tornar-se um garanhão, e não obstante se considerará que se trata do mesmo cavalo, desde que se tenha identificado uma continuidade na sua história.

A teoria da identidade que Locke propõe nos primeiros parágrafos do capítulo se aplica igualmente a Deus, às inteligências finitas e aos corpos (II.27.2). Como observa Ayers, trata-se de uma teoria realista e não propriamente conceitualista, pois a identidade corresponde a uma propriedade dos corpos ou dos objetos, e responde a questões sobre a ontologia do mundo e não simplesmente sobre a apreensão de nossas idéias.[4] Por outro lado, a identidade das substâncias compostas, massas de matéria, vegetais, animais, etc., não depende de uma unidade conferida pelo

---

4. Mesmo que seja importante considerar a idéia pela qual se determina se uma coisa é idêntica a uma outra.

entendimento, mas sim de princípios de unidade e continuidade das próprias coisas.⁵

A identidade pessoal

O mesmo vale para o conceito de homem. Um homem é o mesmo homem, não em função das partículas de matéria das quais é composto, mas em virtude da continuidade de sua história, que une o que ele é na infância ao que é na idade adulta. As partículas de matéria, como para uma planta, estão "vitalmente" unidas ao mesmo corpo organizado. De forma mais particular, é da idéia que se faz de um homem que vai depender a análise da identidade:

> Ser a mesma *substância*, ser o mesmo *homem* e ser a mesma *pessoa* são três coisas diferentes, se *pessoa*, *homem* e *substância* forem três termos que significam três diferentes idéias. (II.27.7)

Um homem é o mesmo homem se, como no caso do cavalo, uma história contínua me permitir concluir que Sócrates criança e Sócrates adulto são efetivamente idênticos como seres vivos. A idéia de homem é definida nesse caso pela idéia de um animal que tem uma certa forma.⁶

---

5. M. Ayers, *Locke: Epistemology...*, vol. II, p. 222-3.
6. É essa apreensão de identidade que permite ligar o embrião de Sócrates a Sócrates adulto, como a muda de carvalho ao carvalho centenário: "Quem quer que associe a identidade do Homem a qualquer outra coisa que não aquilo que constitui a unidade dos outros animais – isto é, a um corpo bem organizado num dado instante e que desde então persevera nessa organização vital através de uma sucessão de diversas partículas de matéria que lhe são unidas –, terá dificuldades em fazer que um *embrião*, um homem idoso, um tolo e um sábio sejam um mesmo homem por meio de alguma suposição da qual não se siga que é possível que *Seth, Ismael, Sócrates, Pilatos, S. Agostinho* e *César Bórgia* sejam um e o mesmo homem" (II.27.6).

A identidade pessoal depende do que se entende por uma pessoa, que Locke define da seguinte maneira:

> Um ser pensante e inteligente, dotado de razão e reflexão, que pode considerar-se a si mesmo como o *mesmo*, a mesma coisa pensante em diferentes momentos e lugares; o que ele faz apenas por aquela consciência que tem de suas ações, a qual é inseparável do pensamento e, parece-me, essencial para este, uma vez que é impossível para qualquer um perceber sem perceber que está percebendo. (II.27.9)

Com essa definição de ecos cartesianos compreendemos como Locke concebe a identidade pessoal. Como a idéia de pessoa é diferente da idéia de homem, não é de surpreender que a questão da identidade se coloque de forma diferente nos dois casos. A teoria da identidade de Locke é relativa e depende da idéia em referência à qual eu considero que duas coisas são idênticas ou diferentes. Para ele, a identidade pessoal não pode se reduzir nem à identidade da substância imaterial (a alma), nem à identidade da substância (o corpo), nem à união imutável de ambas.

Enquanto para o homem, o animal ou a planta é necessário e suficiente que haja uma história continuada do princípio vital que organiza as partículas de matéria, quaisquer que sejam, no caso da pessoa Locke faz intervir o conceito de consciência:

> Pois, dado que a *consciência* sempre acompanha o pensamento e faz que cada um seja aquilo que ele chama *si mesmo* e com isso se distinga de todas as outras coisas pensantes, é apenas nela que consiste a *identidade pessoal*, como o que faz que um ser racional seja sempre o mesmo. E tão longe quanto essa consciência puder ser estendida para qualquer ação ou pensamento passados,

até aí alcança a identidade dessa pessoa: o eu de agora é o mesmo de então, e essa ação passada foi realizada por um eu que é o mesmo eu que presentemente reflete sobre ela. (II.27.9)

Como a idéia de pessoa recobre a idéia de consciência, é em relação a esta última que devemos julgar a identidade pessoal. Se tenho consciência das ações que realizei aos cinco anos, posso dizer que sou a mesma pessoa que era quando tinha aquela idade. Por outro lado, se não tenho consciência das ações que realizei quando tinha dois anos, então não se pode falar de identidade entre a pessoa que sou presentemente e a pessoa passada à idade de dois anos – ainda que se trate do mesmo homem em virtude do princípio de continuidade espaciotemporal.

A continuidade espaciotemporal, no caso do ser vivo, é substituída pela continuidade da consciência (com apoio da memória) no caso da pessoa; trata-se então de uma continuidade psicológica.[7] Não são nem o corpo nem a alma que determinam a identidade pessoal, mas simplesmente a continuidade da consciência. Compreende-se que a memória desempenhe aqui um papel essencial.

Essa teoria apresenta uma dificuldade imediata, que Locke examina. Quando durmo, minha consciência é interrompida. Deve-se dizer então que não sou a mesma pessoa quando durmo? Talvez eu permaneça sendo a mesma substância pensante quando durmo, mas essa questão não depende da identidade pessoal, que não pode ser analisada senão em relação à consciência:

> Pois, como é a mesma *consciência* que faz um homem ser o *mesmo* para si próprio, é disso apenas que depende a *identidade pessoal*, quer essa mesma *consciência* esteja

---

7. N. Jolley, op. cit., p. 107.

ligada somente a uma única substância individual ou possa ser continuada ao longo de uma sucessão de diversas substâncias. (II.27.10)

Locke abre assim a possibilidade de uma pessoa "descontínua", já que a própria consciência é descontínua, mas o que é essencial e primordial é sua unidade (uma pessoa não pode se dividir em duas pessoas) e sua unicidade (uma pessoa é única).[8]

A identidade da pessoa consiste portanto na identidade da consciência, e não na identidade da substância (II.27.19), não mais do que no caso de uma substância imaterial. Aqui muitas questões se colocam (II.27.12): se a substância pensante se modificar, poderá a pessoa permanecer idêntica? Se a substância pensante permanece idêntica, pode ela ser diferentes pessoas? A primeira questão não pode ser respondida, pensa Locke, porque não conhecemos a natureza da substância pensante, e não sabemos se a consciência das ações passadas pode ser transferida de uma substância pensante para outra.[9] Mas, como é a consciência que determina a identidade pessoal, nada impede logicamente que duas substâncias pensantes constituam a

---

8. Cf. J. Bennett, "Locke's Philosophy...", p. 106-8.
9. "Mas, como aquilo que chamamos a *mesma consciência* não é um mesmo ato individual, será difícil concluir da natureza das coisas por que uma substância intelectual não poderia representar para si mesma como tendo sido feito por ela própria uma ação que ela nunca fez e que foi talvez feita por outro agente – assim como muitas representações nos sonhos, que estão desprovidas de qualquer realidade factual, e entretanto são tomadas como verdadeiras enquanto sonhamos. E, até que tenhamos uma visão mais clara da natureza das substâncias pensantes, o fato de que isso nunca ocorra será para nós mais bem explicado pela bondade de Deus, que, na medida em que se interessa pela felicidade ou miséria de qualquer de suas criaturas sensíveis, não irá, por um erro fatal delas, transferir de uma para outra aquela consciência que traz consigo recompensa ou punição" (II.27.13).

mesma pessoa, desde que a consciência pudesse ser transferida de uma substância pensante para outra.[10]

A resposta à segunda questão permite a Locke mostrar que a identidade pessoal não depende nem da substância pensante nem do corpo. Para examinar as implicações dessa dupla tese, Locke constrói diversas situações que permitem aprofundar a noção de identidade pessoal. Ao esclarecer a diferença entre a pessoa e o homem, entre a consciência e o corpo, elas fazem aparecer as implicações da tese lockeana segundo a qual os conceitos de substância, de homem e de pessoa recobrem três diferentes domínios.

Primeiro caso: a substância é modificada, mas a consciência permanece idêntica. Consideremos o caso de alguém que perde um membro. Estamos conscientes de nosso corpo e consideramos nossos membros como parte de nós mesmos. Se alguém perder uma mão, essa mão não mais fará parte de seu corpo, a substância ter-se-á modificado, mas a consciência permanecerá a mesma: a pessoa continuará sendo sempre idêntica. Assim, a substância pode mudar sem que a pessoa mude.

Segundo caso: a substância imaterial é conservada, mas não a consciência, nem o corpo. Esse é o caso da metempsicose e da reencarnação. Consideremos, por exemplo, que em outra vida eu fui Júlio César. Para ser a mesma pessoa que Júlio César é necessário que eu tenha consciência das ações passadas de Júlio César. Como não tenho essa consciência, não sou a mesma pessoa que Júlio César, mesmo que eu suponha que a mesma substância imaterial que se encontrava no chefe romano está agora

---

10. "Deve-se reconhecer que se a mesma consciência – que é uma coisa inteiramente diferente da mesma figura ou do mesmo movimento numérico no corpo – puder ser transportada de uma substância pensante para outra substância pensante, poderá ocorrer que duas substâncias pensantes constituam uma única pessoa" (II.27.13).

em mim. Como o sentimento de minha própria existência não abarca as ações de Júlio César, não sou a mesma pessoa, quer a substância imaterial tenha sido transferida de Júlio César para mim, quer tenha sido criada comigo.

Do mesmo modo, se a alma de Sócrates for transferida ao prefeito de Paris, e se ele não tiver consciência de ser ou de ter sido Sócrates, se não tiver consciência das ações passadas de Sócrates, então trata-se de duas pessoas diferentes (II.27.19). Para que a pessoa seja idêntica, é preciso que a consciência das ações passadas permaneça.

Terceiro caso: a substância imaterial e a consciência são conservadas, mas os corpos se modificam. A alma de um príncipe entra no corpo de um sapateiro, conservando a consciência das ações do príncipe. O príncipe não é então o mesmo homem que o sapateiro (em relação à substância), pois não tem o mesmo corpo; mas permanece sendo a mesma pessoa, pois tem consciência das ações passadas do príncipe e não das do sapateiro (II.27.15). A pessoa é idêntica em dois corpos diferentes.

Quarto caso: a substância material se conserva, o corpo se conserva, mas a consciência se torna descontínua. Imaginemos que eu perca a consciência de certas ações passadas em conseqüência de um traumatismo. Eu sou verdadeiramente o mesmo homem que realizou essas ações (alguém poderia dar esse testemunho), mas não sou a mesma pessoa, pois minha consciência das ações passadas não inclui aquelas de que perdi a lembrança. Do mesmo modo, um bêbado que não tem consciência no dia seguinte das ações que realizou enquanto em estado de embriaguez não é responsável por suas ações, pois não se trata da mesma pessoa. Mas Locke esclarece que essa defesa não é em geral admissível – ele é punido porque as ações caem sob o braço da lei, e não é possível provar que ele realmente não tem consciência de ter realizado essas ações (II.27.22).

Quinto caso: o corpo é idêntico, a consciência descontínua, identificada a duas consciências diferentes. Locke considera o exemplo que mais tarde se tornou célebre pelo romance de Stevenson, *O médico e o monstro* (*Dr. Jekyll and Mr. Hyde*). Suponhamos que de dia eu realize ações e tenha consciência delas, e que à noite eu realize outras ações, e que à noite só tenha consciência das ações que realizei à noite. Isto significa que minha consciência diurna (Dr. Jekyll) e minha consciência noturna (Mr. Hyde) são impenetráveis uma à outra: de dia não tenho consciência de minhas ações noturnas e à noite não tenho consciência das ações que realizei durante o dia. Trata-se contudo do mesmo corpo, mas, explica Locke, não da mesma pessoa.

Sexto caso: a substância imaterial é conservada, a consciência é contínua, mas está associada a dois corpos distintos. Ou seja, a mesma consciência age por intervalos em dois corpos diferentes. Tem-se aqui a mesma pessoa em dois diferentes corpos, "assim como um homem é o mesmo homem em duas roupagens diferentes" (II.27.23).

Essas construções hipotéticas, que continuam sendo utilizadas na literatura sobre a questão, permitem a Locke mostrar claramente que a identidade pessoal não depende da identidade da alma nem da identidade do corpo; uma coisa é falar do homem (substância viva), outra coisa é falar da pessoa (unidade da consciência), e ainda outra coisa falar da alma (substância imaterial). Locke não se posiciona, assim, sobre a questão da natureza da "substância pensante".[11] Ele mostra, no entanto, que se pode

---

11. Sem se pronunciar sobre a questão da natureza da substância pensante, subjacente à consciência, Locke nota todavia, de passagem, "que a opinião mais provável é que o sentimento interior que temos de nossa existência e de nossas ações está ligado a uma única substância individual e imaterial" (II.27.25), mas essa posição não o compromete de modo algum com relação à questão da identidade pessoal.

resolver as questões sobre a identidade pessoal e sobre a consciência sem a necessidade de pronunciar-se sobre a natureza de uma eventual substância imaterial. Locke pode então definir o que é uma pessoa:

> Tal como o entendo, é um termo usado para nomear esse *si mesmo*. Sempre que um homem se depara com o que ele chama "si mesmo", outro poderia dizer que é a mesma pessoa. Trata-se de um termo jurídico que assimila ações e seus méritos. (II.27.26)

As críticas e objeções à teoria lockeana da identidade pessoal são célebres e vêm de longa data.[12] Uma das mais antigas é a de Reid, que diz respeito ao papel da memória na percepção da identidade pessoal. Um velho general se lembra de ter capturado um estandarte quando era um jovem oficial, mas não de ter levado uma surra quando criança por ter roubado frutos de um pomar. Mas o jovem oficial, por sua vez, se lembrava do castigo. O problema é simples: se a criança e o jovem oficial são a mesma pessoa (em virtude da consciência das ações passadas), e se o jovem oficial e o general são a mesma pessoa, como é possível que a criança e o velho general não sejam a mesma pessoa? Isso significa que a relação de ser uma mesma pessoa não é para Locke uma relação transitiva.

Para Mackie, a maneira de escapar a esse dilema consistiria em utilizar diferentemente a transitividade e dizer que, se o general se recorda das ações do jovem oficial, e este se recorda das ações da criança, então as ações da criança, do jovem oficial e do velho general pertencem à mesma "unidade de consciência", à mesma "história

---

12. Uma exposição completa dos debates à época de Locke e das discussões na filosofia contemporânea pode ser encontrada em M. Ayers, *Locke: Epistemology...*, vol. II, p. 269-92.

mental".[13] O único problema desta solução, como nota Mackie, é que ela não corresponde à teoria defendida por Locke, que recusa claramente a transitividade.[14]

Para Jolley, que segue Leibniz nesse assunto, se a relação de identidade sincrônica é transitiva, é concebível que a relação de identidade diacrônica não o seja.[15] Locke aceitaria então, como uma conseqüência de sua teoria, o fato de que a identidade pessoal diacrônica não é transitiva. Jolley defende, por sua vez, a posição lockeana mostrando que ela está orientada para a conformidade com a justiça divina, e que é esse objetivo que permite deixar de lado os paradoxos. Se a pessoa, ou a consciência, é acessível à "primeira pessoa", ela é inacessível a um observador exterior, a uma "terceira pessoa", como mostra o exemplo do ébrio que não se lembra de suas ações na noite anterior.

Assim, essa teoria da identidade pessoal não está destinada a responder aos problemas da justiça humana, mas busca dar conta da justiça divina. Em vez de derivar sua teoria da identidade pessoal das questões de justiça relativas à responsabilidade individual, "a argumentação de Locke baseia-se na premissa que afirma que, a menos que a personalidade seja constituída pela continuidade da consciência no plano do conteúdo", a justiça divina não pode ser aplicada, e seria impossível entender como

---

13. J. L. Mackie, *Problems...*, p. 180-2.
14. Para um discussão e uma defesa da posição lockeana a partir dessas objeções, ver J. Bennett, "Locke's Philosophy", p. 108-14. Bennett retoma especialmente Paul Grice, "Personal Identity", *Mind* (50), 1941. Bennett insiste no fato de que a continuidade de consciência não é uma condição primária; mais precisamente, que ela pode ser interrompida, como no sono, por exemplo. Aí reside a diferença primordial com relação à identidade da substância, que pressupõe a continuidade dos átomos que a compõem.
15. N. Jolley, op. cit., p. 121.

poderia sê-lo.[16] Ou seja, aquilo que constitui uma objeção para a justiça humana, ou assemelha-se a um paradoxo para nossa concepção de pessoa, não o é aos olhos de Deus, que dará a cada um, no dia do juízo final, a consciência de todas as suas ações.[17]

Essas análises são cruciais para compreender a Ressurreição. Ainda que, na ressurreição dos corpos eu não tenha exatamente o mesmo corpo que tinha aqui embaixo (será ele composto dos mesmos corpúsculos de matéria? terá ele o mesmo princípio vital? etc.), é a identidade pessoal que permitirá determinar que sou a mesma pessoa que era em minha vida terrestre (II.27.15).[18] Isso significa, como explica Locke, que não posso, teoricamente, ser punido por ações de que não tenho consciência, que literalmente não são minhas ações e que se eu, como o velho general, não tenho consciência de algumas de minhas ações passadas, Deus as trará à minha consciência:

> E é em conformidade a isto que o apóstolo [Paulo] nos diz que, naquele grande dia, em que cada um irá *receber a paga de seus atos, os segredos de todos os corações serão revelados.* A sentença será justificada pela consciência que todas as pessoas terão de que *elas próprias,* quaisquer que sejam os corpos em que apareçam, ou as substâncias às quais essa consciência se liga, são as *mesmas* que cometeram aqueles atos e merecem por isso aquela punição. (II.27.26)

---

16. Ibid., p. 122.
17. Ver também M. Ayers, *Locke: Epistemology...*, vol. II, p. 271-2.
18. A ressurreição do corpo implicaria, na perspectiva lockeana, que não se trata do mesmo corpo, pois houve uma interrupção, ao passo que a continuidade é essencial para afirmar a identidade corporal. Por outro lado, a interrupção da consciência não é problemática, desde que, no dia do juízo final, eu tenha a consciência (a memória) de todas as minhas ações passadas.

7
A linguagem

Locke consagra todo o livro III do *Ensaio* ao tópico da linguagem. Ali ele define o uso da linguagem, analisa a significação, mostra de onde provêm os erros e as confusões na comunicação lingüística. Para Locke, com efeito, um dos principais objetivos da linguagem é permitir a comunicação entre os homens, sendo sua outra função principal o registro de nossos próprios pensamentos:

> Em várias ocasiões, na primeira parte deste discurso, mencionamos uma dupla serventia das palavras. Primeiro, registrar nossos próprios pensamentos; segundo, comunicar nossos pensamentos a outros. (III.9.1)

Locke também afirma o caráter convencional da linguagem. Enquanto uma parte da tradição filosófica, até o século XVII, via na linguagem a criação de Deus (ou de Adão), e em sua degenerescência após a Queda a causa das imperfeições da linguagem, Locke afirma de imediato sua natureza humana. Embora Deus tenha dado aos homens os órgãos necessários à produção de sons articulados, ele não lhes deu a linguagem. Contrariamente aos animais, que são igualmente capazes de emitir sons articulados, os homens utilizam esses sons, diz Locke, como signos das idéias em sua mente, a fim de comunicá-las a outros homens. É assim que, diferentemente dos outros animais, o homem possui a linguagem que lhe permite comunicar-se e cumprir sua natureza, que é a de um ser sociável; a linguagem é o "grande instrumento e o liame comum dessa sociedade" (III.1.1). Esses signos, por fim, permitem dar conta de uma diversidade de coisas particulares, ou seja, a linguagem é capaz de generalidades e compreende termos gerais, não apenas particulares. Locke observa, como já notamos, que a maior parte das palavras, em todas as línguas, é constituída de termos gerais. Não seria possível à mente humana ter uma palavra para cada idéia particular correspondente a cada objeto particular do mundo; por isso os termos gerais são indispensáveis. Os termos particulares, por outro lado, ainda que existissem, seriam inúteis, pois não possibilitariam a comunicação e não levariam a um aumento do conhecimento, já que o conhecimento, embora fundado sobre as coisas particulares, não progride senão pelas concepções gerais. Para explicar a formação dos termos gerais, Locke mostra que eles dependem da doutrina das idéias abstratas (ver capítulo 3):

> As palavras se tornam gerais quando se fazem signos de idéias gerais, e idéias se tornam gerais quando separadas das circunstâncias de tempo e lugar, e de quaisquer outras idéias que possam determiná-las a esta ou aquela existência particular. (III.3.6)

Essas idéias, como se sabe, são construções do entendimento, o que corresponde bem à posição geral de Locke, que faz da linguagem uma instituição humana.

Locke – e ele não é nem o primeiro nem o último – vê no mau uso das palavras a fonte de numerosos problemas filosóficos, e sua abordagem das questões da linguagem visa dissipar confusões e obscuridades. Ele desenvolve essas questões no livro III, para favorecer o acesso ao conhecimento e sua comunicação. Ao insistir sobre as armadilhas montadas pela linguagem, Locke marca ainda seu compromisso com a função crítica de seu percurso filosófico e com a necessidade de denunciar as fontes da ignorância. A teoria da linguagem de Locke tem importância capital; ela é uma parte essencial do edifício do *Ensaio* porque nela se abordam questões importantes como a natureza e o princípio das classificações em relação à teoria das essências. Sua filosofia, além disso, influenciou decisivamente os desenvolvimentos da concepção da linguagem no século XVIII, tanto na Inglaterra como na França. Por fim, a filosofia inglesa contemporânea encontrou nas discussões lockeanas materiais para o exame de cruciais problemas lingüísticos.

A linguagem e o pensamento

Locke explica claramente, desde o início do livro III, que as palavras devem ser consideradas como os signos de nossas idéias – as idéias, como sempre no *Ensaio*, vêm em primeiro lugar:

> As palavras, na sua significação primária e imediata, representam apenas *as idéias na mente de quem as usa*. (III.2.2)

É certo que algumas palavras, como *ignorância* ou *esterilidade* designam a ausência de idéia, mas a teoria geral liga palavras e idéias de forma fundamental. As palavras tornam sensíveis as idéias e permitem que um indivíduo se comunique com outro.[1] Mais precisamente:

---

1. "O papel das palavras consiste em serem marcas sensíveis das idéias; e as idéias que elas designam são sua significação própria e imediata" (III.2.1).

A menos que as palavras de um homem excitem em um ouvinte as mesmas idéias que ele as faz significar quando fala, ele não estará falando inteligivelmente. (III.2.8)

O liame entre as palavras e as idéias não é natural, ou não haveria senão uma única língua; trata-se de uma convenção imposta pelos homens, uma "instituição arbitrária".

Essa concepção apresenta de imediato uma dificuldade freqüentemente observada: se minhas idéias me são próprias, como é possível que as palavras que utilizo sejam compreendidas por um outro? Como posso estar certo de que meu interlocutor e eu associamos a mesma idéia a uma dada palavra, ou de que a mesma palavra excita a mesma idéia nas duas mentes? Em outros termos, a concepção lockeana parece escancarar a porta à linguagem privada, isto é, a uma utilização individual da linguagem, a fim de descrever as idéias que emanam do foro interior. Isso se deve, de fato, à dualidade da linguagem, que Locke reconhece.

De um lado a linguagem tem efetivamente uma dimensão privada, individual, pois as palavras que eu utilizo são os signos de minhas idéias; de outro, a linguagem é uma instituição humana, destinada a promover a comunicação entre os homens e principalmente a comunicação do conhecimento por intermédio das idéias. Se o homem não fosse um ser social, se sua natureza não fosse viver em comunidade, ele não teria necessidade da linguagem. É precisamente porque o indivíduo não está separado dos outros que tem necessidade da linguagem, é porque a linguagem responde a um fim social de comunicação que ela não é privada.

Isso não implica, entretanto, que a significação seja fixada de forma social; ao contrário, Locke explica que é um erro freqüente acreditar que, dado que eu tenho uma idéia em minha mente, os outros homens tenham necessariamente a mesma idéia (III.2.4). A comunicação entre os homens, isto é, a transmissão de conhecimento, supõe que as idéias sejam comuns aos homens; para que o saber seja partilhado, é preciso que as idéias também o sejam. A comunicação lingüística *bem-sucedida* baseia-se no princípio de que uma palavra excita a mesma idéia nos dois interlocutores. Se isso não acontece, então a comunicação não se efetuou corretamente.

Como conceber, por outro lado, que a linguagem remeta ao mundo? O elo entre a linguagem e as idéias não é totalmente independente do mundo: embora as palavras estejam ligadas às idéias, elas não estão separadas das coisas. É verdade que Locke identifica como um erro freqüente a crença de que a linguagem remeta diretamente ao mundo:

> Como os homens não querem que se pense que falam simplesmente de sua própria imaginação, mas sim das coisas como elas realmente são, eles supõem muitas vezes *que suas palavras também representam a realidade das coisas*. (III.2.5)

A ilusão não consiste em acreditar que as palavras sejam independentes da realidade, mas que elas falem da realidade sem a intermediação das idéias. A significação lockeana deve ser concebida segundo um modelo mais complexo: palavras remetem a idéias, mas as idéias não estão elas próprias separadas do mundo, pois as idéias simples, por exemplo, são signos de qualidades de objetos. Vale dizer que é por intermédio das idéias que a linguagem fala do mundo. Locke não seria, portanto, prisioneiro de uma concepção "privada" da linguagem:

> Os fins da linguagem, em nossos discursos aos outros, são especialmente estes três: *primeiro*, tornar os pensamentos

e idéias de um homem conhecidos de outro; *segundo*, fazer isso com tanta facilidade e rapidez quanto possível; e *terceiro*, comunicar dessa forma conhecimento sobre as coisas. (III.10.23)

Este terceiro ponto indica claramente que a linguagem não poderia se ater simplesmente a sua dimensão ideal – a significação de uma palavra não é a simples entidade mental constituída pela idéia –, mas que as coisas e o conhecimento delas são um elemento essencial no funcionamento da comunicação lingüística. Do mesmo modo que o conhecimento, como vimos, articula idéias mas remete ao mundo, assim também as palavras tiram sua significação das idéias, embora mantendo uma relação com o mundo.

Os nomes das idéias simples, explica Locke, remetem a uma existência real e significam simultaneamente as idéias do entendimento. De fato, como as idéias simples são o signo das qualidades dos objetos que as produzem, as palavras que as significam "apontam para alguma existência real, da qual seu padrão original foi derivado" (III.4.2). Mas elas não são suscetíveis de definição: um cego (de nascença), diz Locke, não poderá jamais apreender o sentido da palavra "vermelho", pois não pode formar a idéia simples do vermelho (III.4.11).

Para dar a significação do nome de uma idéia simples, sou obrigado a mencionar um objeto em que se encontra a qualidade que produz essa idéia, ou então submeter meu interlocutor à experiência do objeto em questão, de modo que ele perceba a idéia simples que nele se encontra. Assim, para fornecer a significação da palavra "vermelho", a única coisa que posso fazer é colocar meu interlocutor diante da experiência do vermelho (III.11.14), supondo que ele forma a mesma idéia simples que eu formo, que ele faz a mesma diferença que eu faço entre o vermelho e o amarelo, e é isso que possibilita a comunicação.

O uso das palavras depende ao mesmo tempo da relação entre estas e as idéias, e de sua conformidade ao mundo. Assim, para que a comunicação seja bem-sucedida, é preciso que minha idéia de vermelho corresponda à idéia de vermelho de meu interlocutor; e, ao mesmo tempo, a idéia de vermelho é dada pelo mundo exterior. A palavra "vermelho" não tem uma significação simplesmente conferida pela idéia que formo dela (o que implicaria uma linguagem privada), mas pela relação com o mundo. É por isso que um cego (de nascença) jamais poderia, segundo Locke, formar a idéia de vermelho, ou seja, jamais poderá compreender proposições que tratam das cores.[2]

Quanto aos nomes ligados a idéias complexas, sua significação pode ser transmitida na maior parte dos casos. Como as idéias complexas são constituídas de diversas idéias simples, é possível produzir uma definição que identifica essas idéias simples e as enumera, bastando que essas idéias simples tenham sido apreendidas pelo entendimento. Desse modo, um cego poderá conceber a idéia de uma estátua, pois seus sentidos lhe permitem perceber uma forma, porém não a idéia de um quadro, visto que não pode perceber a cor (III.4.12). Para definir o nome de uma idéia complexa, é necessário e suficiente que eu conheça os nomes das idéias simples que compõem essa idéia complexa:

> As idéias simples, como mostramos, só podem ser obtidas por experiência daqueles objetos apropriados para produzir em nós essas percepções. Logo que nossa mente armazenou, por esse meio, essas idéias e reconhece seus nomes, estamos em condições de definir e, por meio dessa definição, entender os nomes das idéias complexas que são formadas dessas idéias simples. (III.4.14)

---

2. E. J. Ashworth, "Locke on Language...", p. 194, e M. Ayers, *Locke: Epistemology...*, vol. I, p. 273.

Os modos mistos, por sua vez, são arbitrários, e produzidos apenas pelo entendimento. O nome tem nesse caso uma função precisa, diz Locke, que é de manter juntas as diferentes idéias que o compõem. Na idéia de parricídio, por exemplo, é o entendimento que une a idéia de assassinato e a relação entre pai e filho. Mas essa união é inteiramente provida pelo entendimento, sem particular referência a uma realidade distinta dessa própria idéia. Vê-se que, nesse caso, a ligação entre a idéia e o nome é muito estreita:

> Embora seja a mente que forma essa combinação, é o nome que atua, por assim dizer, como o nó que mantém essas idéias firmemente unidas. (III.5.10)

Além disso, como o parricídio não tem outra realidade além da idéia que faço dele, o termo "parricídio" não conduz senão a uma idéia, isto é, ao entendimento, e não designa uma substância do mundo. Os nomes dos modos mistos, diz Locke, "desde que tenham uma significação determinada, sempre significam as essências reais de suas espécies" (III.5.14).

A significação dos nomes ligados à substância é dada por sua essência. Mas é evidentemente a essência nominal que corresponde à idéia conectada a um nome de substância, não sua essência real. A essência real é incognoscível, ao passo que a essência nominal corresponde à idéia que temos das substâncias. Nesse sentido, ela pode ser comum aos homens, pois é formada por eles. Como é a essência nominal que serve de fundamento à classificação das substâncias, e não a essência real, os nomes remetem necessariamente à essência nominal. Mais exatamente, precisamos de termos gerais para nos elevarmos além do particular e para falar de coisas, mas a essência real dessas coisas nos é desconhecida. Formamos delas uma idéia geral, composta de idéias simples que pensamos poder considerar como determinantes; assim, identificamos como idéias centrais de nossa idéia de ouro a idéia do amarelo, do peso, da maleabilidade, etc. A constituição de nossa idéia geral de ouro, sua essência nominal, permite-nos então empregar a palavra "ouro":

> Embora essa idéia não seja a essência real de nenhuma substância existente, ela é contudo a *essência específica* à qual pertence o nome que associamos a essa idéia complexa, e é intercambiável com ela; e com isso podemos pelo menos experimentar a verdade dessas *essências nominais*. (III.6.21)

Os nomes de substâncias podem assim associar-se às mesma idéias nas mentes dos homens, permitir a comunicação, transmitir um certo grau de conhecimento acerca do mundo exterior e sugerir seu progresso.

Locke menciona além disso uma outra categoria de palavras, que não são ligadas a idéias – as *partículas*. Essas partículas correspondem à conexão entre idéias e representam as marcas do pensamento. Não basta, para pensar, que o locutor tenha idéias claras e distintas, mas é também necessário estabelecer e comunicar as conexões entre idéias:

> E, para bem expressar esses pensamentos metódicos e racionais, ele deve dispor de palavras que mostrem qual *conexão, restrição, distinção, oposição, ênfase*, etc., ele atribui a cada parte respectiva de seu discurso. (III.7.2)

Essas partículas não são nomes de nenhuma idéia, mas formam a base indispensável da linguagem, pois são os sinais do trabalho do entendimento.

O propósito de Locke não é construir uma teoria geral da significação, e sim identificar os princípios que permitem um uso apropriado da linguagem. Nesse sentido, as relações que Locke estabelece entre a linguagem e o pensamento, isto é, entre as palavras e as idéias, são complexas. Não há uma correspondência simples, termo a termo, entre a significação e as idéias – a significação de uma palavra não é a idéia à qual está associada, mas é por meio da idéia que as palavras significam e que podemos comunicar nosso saber acerca do mundo. Se as idéias correspondessem unicamente à significação das palavras, a linguagem seria então privada. Mas Locke insiste em várias oportunidades sobre a possibilidade de comunicação oferecida pela linguagem (mesmo que esta seja freqüentemente imperfeita). A linguagem passa pelas idéias e pelo pensamento, mas em nenhum lugar Locke pretende que a significação seja uma entidade identificável, composta pela idéia. Ao unir estreitamente as palavras, as idéias, a comunicação e o mundo exterior, Locke garante que o uso da linguagem não é um uso privado, ainda que freqüentemente seja imperfeito.

A *linguagem e o saber*

A linguagem tem por objetivo favorecer o progresso e a difusão do conhecimento. É por essa razão que uma parte do livro III está consagrada a questões epistemológicas, particularmente questões de classificação. Como já vimos, a classificação das substâncias está baseada nas essências nominais, não nas essências reais. Isso significa que ela é fruto do entendimento e não tem realidade na natureza. As palavras utilizadas para classificar as substâncias dependem de construções humanas, de aparências que discernimos nas substâncias, e não podem de nenhuma maneira remeter às essências reais: esse é o sentido do antiaristotelismo de Locke. Locke observa, além disso, que as palavras das línguas entraram em vigor antes das teorias científicas; que os homens, ao utilizar a linguagem ordinária, prestam pouca atenção ao que seria a constituição interna das coisas: as palavras remetem às qualidades sensíveis, observáveis das coisas, e não à sua natureza interna. O mesmo vale para os limites entre as espécies: eles não correspondem a distinções naturais, mas a diferenças estabelecidas pelos homens. Isso certamente não quer dizer que as espécies sejam arbitrárias, pois elas repousam sobre essências nominais, ou seja, sobre a percepção das idéias que é dada pelo mundo:

> Pois, embora os homens possam formar qualquer idéia complexa que lhes aprouver, e dar-lhe o nome que quiserem, é necessário, *quando falam de coisas realmente existentes*, que conformem em alguma medida suas idéias às coisas de que querem falar, se pretendem ser entendidos. (III.6.28)

Isso parece mostrar muito bem, primeiramente, que Locke não poderia conceber a linguagem sem relação com o mundo; a seguir, que o real objetivo da linguagem é a comunicação do conhecimento; por fim, que a questão da linguagem e a questão epistemológica estão ligadas de maneira muito estreita.

Além disso, como nota Guyer, mesmo se as essências reais fossem perfeitamente cognoscíveis, e mesmo se tivéssemos um pleno conhecimento da constituição interna das coisas, ainda assim estaríamos obrigados a escolher os traços distintivos para poder estabelecer uma classificação.[3]

Alguns relógios, por exemplo, contêm quatro engrenagens, outros cinco; uns têm um balanço livre, em outros ele é regulado por uma mola em espiral (III.6.39).

---

3. Paul Guyer, "Locke's Philosophy...", p. 136-7.

Esses relógios apresentam assim diferentes constituições reais, mas, quando um relojoeiro os considera a todos como fazendo parte da classe dos relógios, está decidindo não levar em conta essas diferenças como distintivas para construir essa categoria. Pois a categoria de "relógio" depende da idéia complexa, não da essência real:

> Enquanto todas essas coisas se adequarem à idéia significada pelo nome "relógio", e esse nome não for um nome *genérico* subsumindo diversas espécies, não haverá entre elas diferença essencial ou específica. (III.6.39)

Os membros de uma mesma espécie podem portanto comportar diferenças reais, mas é só a partir do momento em que decido considerar essas diferenças como distintivas que obtenho uma nova espécie. Não é apenas porque as essências reais são incognoscíveis que nossas classificações dependem das essências nominais: mesmo se elas fossem cognoscíveis, ainda assim caberia ao homem a tarefa de estabelecer diferenças entre as espécies. A teoria da linguagem baseia-se na teoria das idéias abstratas e compartilha o ceticismo epistemológico de Locke.

Essa insistência nos problemas de classificação testemunha a importância que Locke atribui a uma boa compreensão de como a linguagem pode comunicar um conhecimento. Para isso, ele propõe considerar, num primeiro instante, dois usos distintos da linguagem: um que concerne ao uso ordinário das palavras na conversação e na vida quotidiana, que Locke denomina "uso civil", e o seu uso filosófico, "que serve para comunicar a noção precisa das coisas e expressar verdades certas e indubitáveis em proposições gerais, nas quais a mente pode obter apoio e satisfação em sua busca pelo verdadeiro conhecimento" (III.9.3).

O uso ordinário das palavras regula sua significação no primeiro caso, mas o caráter pouco preciso da significação não pode convir ao uso filosófico das palavras. Por isso, o empreendimento lockeano de purificação da linguagem, para fundar a comunicação ideal, diz respeito antes de tudo ao uso filosófico. Que a linguagem ordinária não apresente sempre a precisão desejável no uso das palavras é uma conseqüência que não invalida necessariamente a comunicação; em contrapartida, a ausência de precisão na linguagem filosófica é prejudicial ao progresso e à comunicação do conhecimento.

Locke consagra todo o capítulo 11 do livro III à discussão de formas de corrigir a imperfeição das palavras. Não pretende reformar todas as línguas do mundo, mas apenas indicar como evitar as imperfeições da linguagem para atingir a verdade. Em seu estado presente, a linguagem é tanto um obstáculo à comunicação do conhecimento como um meio de fazê-lo progredir. Locke propõe seguir algumas regras: que uma palavra seja sempre usada em conexão com a idéia que representa, que essa idéia seja clara, que o uso de uma palavra siga o uso comum, sempre mencionar a definição de uma palavra quando esta não estiver fixada pela linguagem ordinária ou for empregada em uma nova acepção, empregar uma palavra sistematicamente no mesmo sentido. Essas regras permitem melhorar a comunicação ordinária, tanto como a linguagem filosófica, pois, como Locke lembra, o papel da linguagem é crucial:

> Pois, como a linguagem é o grande canal pelo qual os homens comunicam uns aos outros suas descobertas, raciocínios e conhecimentos, aquele que faz mau uso dela, embora não corrompa as fontes do conhecimento, que estão nas próprias coisas, não deixa de quebrar ou interromper os dutos pelos quais este é distribuído para uso e vantagem da humanidade. (III.9.5)

A interpretação da filosofia da linguagem de Locke

Ashworth mostrou que a filosofia da linguagem de Locke deve ser compreendida em parte por referência à tradição escolástica, o que permite esclarecer certas dificuldades aparentes com que se defronta o autor do *Ensaio*. Ashworth explica que as idéias têm uma função no uso da linguagem, mas não são identificáveis a uma entidade que seria a significação das palavras. A palavra "significar", em especial, não corresponde em Locke a um uso próximo do da filosofia contemporânea da linguagem, mas baseia-se na tradição escolástica. A teoria da linguagem mental e a teoria da significação são cruciais para compreender a concepção lockeana da linguagem.

Para a escolástica, a linguagem mental era primária em relação à linguagem convencional, e a linguagem falada só poderia ser compreendida como dependente da linguagem mental. Locke, segundo Ashworth, teria assim ratificado a existência de uma linguagem mental como um "lugar-comum filosófico" aceito por todos.[4] A teoria da significação, por outro lado, baseava-se em uma definição da palavra *significare*, que designa o fato de representar alguma coisa de uma certa maneira para nossas faculdades cognitivas. Isto é, as palavras não têm como significação uma referência eventual, mas significam de maneiras diversas. Uma palavra escrita pode significar a mesma palavra falada, ou um conceito apropriado, ou a coisa ou coisas às quais se refere. Todos esses elementos podiam ser igualmente considerados como a significação da palavra. A questão essencial era, então, determinar a prioridade nas diferentes "significações": as palavras significam primariamente os conceitos ou as coisas?

---

4. Ibid., p. 187.

Segundo Ashworth, os debates se dividiam entre uma concepção que propunha que as palavras significam primariamente as coisas e em seguida, por extensão, os conceitos, e uma segunda concepção segundo a qual as palavras significam os conceitos imediatamente e as coisas por intermédio dos conceitos.

Na primeira hipótese, só se pode utilizar as palavras para conhecer as idéias do locutor se se conhecer as coisas às quais elas remetem; na segunda, ao contrário, só se pode fazer conhecer as coisas por meio das idéias.[5] É claro que Locke privilegia a segunda hipótese, pois ela se articula a sua teoria das idéias.

Essa análise mostra que se pode, nessa abordagem da linguagem, remeter ao mesmo tempo às idéias e às coisas, isto é, que a linguagem não se apóia unicamente em uma entidade mental. De outro lado, não se pode jamais estar certo de que as idéias, ou as coisas às quais as palavras remetem, sejam as mesmas para todos os locutores.[6] Por fim, o fato de que as palavras significam as idéias não quer dizer que Locke proponha uma teoria da significação equivalente a uma teoria contemporânea, mas sugere a maneira pela qual se podem fixar os critérios para uma utilização clara da linguagem:[7] eis por que Locke propõe princípios de reforma de utilização das palavras.

Nesse sentido, não há em Locke nenhuma teoria da significação lingüística, mas uma concepção precisa da maneira como se deve utilizar a linguagem. Essa concepção da reforma da linguagem, é preciso notar, está estreitamente ligada à da Royal Society, que preconizava justamente uma atenção particular à linguagem no progresso e transmissão do conhecimento.

---

5. Ibid., p. 187-90.
6. P. Guyer, op. cit., p. 123-4.
7. R. Ashworth, op. cit., p. 190.

A doutrina lockeana da linguagem inspirou todo o século XVIII, e é encontrada tanto entre os *philosophes* franceses, mesmo quando se afastam dela, como entre os teóricos ingleses da linguagem ou da literatura.[8] É inicialmente na análise da linguagem comum, ordinária, que é preciso se deter. Mesmo quando Locke propõe maneiras de reformar o uso das palavras, mesmo quando identifica um uso filosófico da linguagem ao lado de seu uso "civil", ele não parece comprometido com a idéia de uma linguagem perfeita (contrariamente a numerosos filósofos do século XVII, como Leibniz). De outro lado, ao insistir sobre o caráter convencional da linguagem, sobre o fato de que se trata de uma instituição humana, Locke esboça uma concepção da etimologia que será explorada no século XVIII.

No início do livro III, Locke explica que uma investigação (que ele ainda não denomina "etimológica") pode permitir chegar às idéias sensíveis e à sua origem, isto é, à história das idéias em sentido forte:

> Não duvido que, se pudéssemos remontar às origens das palavras, descobriríamos que, em todas as linguagens, os nomes que representam coisas não apreensíveis por nossos sentidos surgiram inicialmente de idéias sensíveis. (III.1.5)

Turgot, no verbete "etimologia" da *Encyclopédie*, inspira-se na concepção lockeana para fazer dessa disciplina um

---

8. As teorias críticas e estéticas no século XVIII remetem ao princípio pelo qual as palavras são os signos de nossas idéias; seus autores seguem Locke ao considerar a linguagem como uma instituição humana; eles se inspiram em sua filosofia para ver na crítica um empreendimento fundado sobre a experiência e a observação das obras, e não deduzido de princípios *a priori*, mas tendem a seguir Condillac mais do que Locke diretamente na história da linguagem e de suas origens.

elemento essencial para chegar à história do espírito humano.⁹ A concepção lockeana da linguagem encontra-se em Condillac, cujo *Ensaio sobre as origens do conhecimento humano* se baseia no *Ensaio* de Locke. Mas, enquanto este passa rapidamente pela origem da linguagem, Condillac faz dela o ponto central de sua concepção do conhecimento.¹⁰

A filosofia contemporânea da linguagem aborda os problemas levantados por Locke de forma direta, e contesta algumas de suas hipóteses ou conclusões. É sobretudo o princípio de que o sentido é dado pelas idéias e não pelas práticas sociais que é vigorosamente questionado por análises como as de Kripke ou Putnam.¹¹ Para Putnam, por exemplo, o sentido não provém da esfera individual, mas da social; além disso, ele depende da natureza do mundo, não da observação individual que eu possa realizar.

Para esses dois autores, o sentido das expressões não é fixado pelas idéias que eu possa associar às palavras, e não procede de nenhum estado mental; é a prática comum da linguagem, o sentido convencional das palavras, que permite compreender as proposições. Posso conhecer o sentido da palavra "ouro" sem saber quais são os critérios explícitos ou implícitos que permitem que um material seja ouro. O sentido das palavras que designam espécies naturais, tal como a palavra "ouro", não depende da essência nominal, mas decorre exatamente da essência real.

---

9. H. Aarsleff, "Locke's Influence...", p. 273.
10. H. Aarsleff, *From Locke...*, p. 163. Para uma análise da influência de Locke sobre a filosofia da linguagem no século XVIII, ver H. Aarsleff, "Locke's Influence ...", p. 271-8.
11. A obra de referência de Saul Kripke é *Naming and Necessity* [1972], Oxford, Blackwell, 1980; o artigo clássico de Hilary Putnam é "The Meaning of 'Meaning'", em *Mind, Language and Reality*, Cambridge, Cambridge University Press, 1975, p. 215-71. Para discussões dessa teoria em relação à concepção lockeana, ver N. Jolley, op. cit., p.165-8, M. Ayers, op. cit., p. 270-1, e J. L. Mackie, op. cit., p. 93-100.

Para Locke, toda substância que apresenta as mesmas características aparentes (a mesma essência nominal) que o ouro, é ouro, mesmo que sua essência real seja diferente. Para a filosofia contemporânea, ao contrário, se a essência real for diferente, então as substâncias são diferentes. Para ser ouro, uma substância deve ter um número atômico igual a 79; se esse não for o caso, trata-se de outra substância. Isso significa que a "natureza" das espécies naturais e, portanto, o sentido das palavras que as designam, não depende das idéias que eu possa formar acerca do ouro ou de outras substâncias, mas do conhecimento dos *experts* que me dizem se uma substância é ouro ou não. E esse conhecimento está difundido na comunidade lingüística. A palavra "ouro" funciona então como um *nome próprio*: posso ter uma concepção de ouro muito diferente da de meu vizinho joalheiro, mas, mesmo assim, quando utilizamos a palavra, remetemos à mesma substância.

De forma geral, existe na linguagem um conjunto de palavras que remetem a saberes especializados. Quando emprego essas palavras, não tenho necessariamente acesso a esses saberes; posso ser totalmente incapaz de analisar o número atômico de um elemento. Mas a comunidade lingüística permite o uso de qualquer palavra que faça referência a um saber determinado pelos *experts*.

Quando utilizo uma expressão da qual tenho um conhecimento imperfeito, tal como "fissão nuclear", "deflação", "*stock option*", etc., não é necessário que eu seja capaz de dar sua definição e uma análise precisa (contrariamente ao que pensava Locke), pois o sentido é fixado pela comunidade lingüística. E é o *expert*, em primeiro lugar, quem determina o sentido da expressão para a comunidade lingüística. É assim que possuo, afinal, uma certa dose de conhecimento acerca das *stock options* que me permite falar delas, indignar-me com elas, sem ser necessariamente capaz de detalhar todos os seus mecanismos ou explicá-los. Para utilizar as palavras da linguagem, não tenho necessidade de um saber aprofundado em todos os domínios (economia, física nuclear, etc.), mas simplesmente de um certo saber que me permita empregar essas palavras no interior da comunidade lingüística.

A crítica da teoria lingüística de Locke e da tradição que ele inaugurou leva a filosofia contemporânea a refutar sua concepção "individual" da significação. Observemos entretanto que Locke não procurou apresentar uma teoria acabada da significação, mas que sua concepção decorria de um projeto filosófico coerente, que unia estreitamente linguagem e conhecimento. Para o filósofo do século XVII, o importante não era explicar o uso corrente da linguagem, e sim, por um lado, recusar os aristotélicos e sua concepção das classificações, e, por outro, determinar as condições de uma comunicação lingüística bem-sucedida (transmissão do conhecimento). Para Locke, o uso corrente é ao mesmo tempo suficiente para seus objetivos imediatos (conversação, etc.) e imperfeito, necessitando de uma reforma que ele esboça no capítulo 11 do livro III.

Nesse aspecto, sua concepção da linguagem se articula perfeitamente a seu ceticismo epistemológico. Como não podemos ter um conhecimento exato, perfeito, das substâncias, semelhante àquele obtido pela geometria ou pela moral em seus domínios, o único conhecimento, imperfeito, que temos delas é um conhecimento fundado sobre a observação experimental. Portanto, o sentido das palavras está ligado à idéia que formamos das substâncias, não a um conhecimento da essência real, por definição inacessível. Para Ayers, é nesse sentido que devemos compreender o individualismo semântico de Locke: ele está ligado à concepção segundo a qual é impossível explicar os termos das espécies naturais, ou mesmo introduzi-los na linguagem.

Em última análise, essa concepção depende estreitamente da filosofia do conhecimento de Locke, ela própria fundada no ceticismo epistemológico.

Conclusão

Como compreender, ao final deste percurso, a unidade do pensamento de Locke? Considerado como uma obra de filosofia do conhecimento, o *Ensaio* se distingue dos *Dois tratados* no sentido de que nenhum dos textos decorre do outro, e podem certamente ser abordados independentemente. Mas, mesmo que não se possa conceber nenhuma dedução analítica entre esses diferentes escritos, não deixa de existir um real parentesco de propósito, fundado sobre o indivíduo, seus deveres, suas faculdades.[1]

Todos os textos de Locke insistem sobre o papel do indivíduo, e sobre a extensão e a natureza de seus poderes. Deus, com efeito, deu a cada homem, segundo Locke, as faculdades necessárias à aquisição do conhecimento, ao exercício da moral e da religião, e ao estabelecimento de instituições políticas aptas a favorecer a busca do "soberano bem". Mas, se Deus deu essas faculdades ao homem, ele não lhe deu nem conhecimento nem sistema político prontos (este é todo o sentido da refutação a Filmer): cabe ao indivíduo fazer um uso apropriado dessas

---

1. Esse parentesco apareceria mais uma vez se a análise tivesse incluído os textos sobre a educação (*Some Thoughts Concerning Education*) e os outros textos sobre a religião (*The Reasonableness of Christianity*).

faculdades, com a clara consciência de seus limites, para chegar ao saber, à moral, à sociedade civil.

A busca do conhecimento, a determinação dos limites que ela enfrenta, está em pé de igualdade com a análise do poder político. O homem é ao mesmo tempo aquele cujas faculdades permitem o acesso ao saber, aquele que preserva sua liberdade fundando a sociedade civil e aquele cuja independência em matéria de religião deve ser preservada. E essa unidade lhe vem da razão, cujo funcionamento é analisado por Locke e erigido igualmente em ideal moral.[2] Todos os homens são livres e iguais, e a razão, quer se exerça no domínio da política, da religião ou do conhecimento, define o exercício das faculdades de cada indivíduo.

Face à diversidade das opiniões religiosas, à imperfeição de nossos conhecimentos, às pretensões de certos pensadores (e estadistas) de justificar os sistemas políticos autoritários, todo o projeto lockeano visa fundar no indivíduo as condições de sua liberdade essencial. A busca de uma moral que inclua a tolerância é um de seus principais objetivos.

A importância passada e presente do projeto lockeano não pode ser subestimada. Algumas posições filosóficas de Locke pertencem à história, e os debates sobre as classificações, por exemplo, não atendem, como vimos, às preocupações atuais. No entanto, compreender os debates filosóficos atuais exige circunscrever a história de sua constituição, e as consideráveis discussões suscitadas pelo pensamento de Locke na Inglaterra (contrariamente à França, depois do século XVIII) testemunham seu vigor e o lugar que lhe deve ser atribuído na constituição da reflexão contemporânea.

---

2. R. Ashcraft, *Locke's* Two Treatises..., p. 245-6.

Mackie propõe, por exemplo, em sua obra *Problems from Locke*, não um comentário, mas uma forma de pensar *a partir* de Locke. Para Ayers, freqüentar o pensamento de Locke não é apenas fazer história da filosofia, é dar-se a possibilidade de encontrar respostas pertinentes a questões que hoje estão em debate: Locke pode ainda nos ensinar muito, mesmo diante dos proponentes das mais recentes teorias. Confrontar o pensamento de Locke com essas teorias não é tanto medir o caminho percorrido, diz Ayers, quanto descobrir que a vantagem está às vezes ao lado do filósofo do século XVII. Nesse sentido, o grande comentário de Ayers é também um ensaio de filosofia lockeana.

Um dos lugares-comuns filosóficos mais difundidos consiste em opor a filosofia anglo-saxônica, fundada no empirismo ou no positivismo (quando não em ambos), e a filosofia continental, mais atenta especialmente à história da filosofia. Locke estaria então ao lado dos filósofos anglo-saxões cujo nome aparece nas obras de Kant. Embora essa oposição não seja falsa, já que as tradições realmente se desenvolveram segundo eixos distintos, vê-se contudo que Locke não poderia estar contido nessa dicotomia, nem confinado na prateleira anglo-saxônica sem desarrumá-la. Sua concepção da filosofia não se nutre desse divórcio, bem ao contrário. Locke refuta a tradição escolástica, dialoga com Descartes e até Malebranche, alinha-se ocasionalmente a Arnauld ou Gassendi; e os *philosophes* franceses do século XVIII, Voltaire, Diderot ou Condillac, para citar apenas estes, encontram em sua obra uma fonte importante de suas próprias reflexões.

Pode-se afirmar que é com as *leituras* de Locke que se inicia o divórcio entre um empirismo dito anglo-saxônico e a chamada filosofia continental. Com Berkeley ou Hume, a separação se estabelece de forma muito mais nítida: são as releituras e as interpretações empiristas da filosofia de

Locke (diante da crítica de Leibniz nos *Novos ensaios* ou do kantismo) que tendem a situá-lo na tradição que mais tarde se chamaria "filosofia analítica". Para Locke, há apenas um único debate, aquele que faz progredir o conhecimento, e do qual todo o pensamento, de Aristóteles a Descartes, faz parte.

Espero ter mostrado que as razões para ler sua filosofia continuam sendo hoje tão essenciais quanto na época de Voltaire. Locke coloca problemas precisos, cuja resolução, quando às vezes foi alcançada, muito deve à formulação que ele lhes deu: a identidade, a percepção, a sociedade civil, a tolerância, entre outros tópicos. O ceticismo epistemológico, que é a marca de seu pensamento tanto no domínio da religião como do conhecimento, convida a filosofia a uma reflexão crítica sobre seus objetivos: o kantismo tem uma grande dívida para com ele. Por fim, a própria natureza do projeto geral de Locke, que funda no indivíduo (em suas faculdades, sua razão) as condições de acesso ao conhecimento, à moral, à política, à religião, continua a abrir perspectivas ao pensamento e à filosofia. E sigamos uma última vez o exemplo de Voltaire:

> Voltamos a Newton e a Loke [sic] não sem vinho de Champagne e excelentes iguarias, pois somos filósofos muito voluptuosos...[3]

---

3. Voltaire, *Correspondance choisie*, op. cit., p. 79.

Bibliografia

Principais obras de John Locke

An Essay Concerning Human Understanding (1690, 4. ed., 1700). Peter H. Nidditch (ed.). Oxford: Clarendon Press, 1975. [Ed. port.: Ensaio sobre o entendimento humano. Lisboa: Fund. Calouste Gulbenkian, 1999.]

Epistola de tolerantia (1689). Trad. William Popple, Letter on Toleration (1689). [Ed. port.: Carta sobre a tolerância. Lisboa: Edições 70, 2000.]

Two Treatises on Government. Peter Laslett (ed.). Cambridge: Cambridge University Press, 1988. [Ed. bras.: Dois tratados sobre o governo. São Paulo: Martins Fontes, 2001.]

Political Essays, Mark Goldie (ed.). Cambridge: Cambridge University Press, 1977.

Some Thoughts Concerning Education (1693). John W. Yolton e Jean S. Yolton (ed.). Oxford: Clarendon Press, 1989.

The Reasonableness of Christianity (1695). John C. Higgins-Biddle (ed.). Oxford: Clarendon Press, 1999.

Artigos e obras sobre John Locke

AARSLEFF, Hans. 1994. Locke's Influence. In: CHAPPELL (1994a), p. 252-89.

_____. 1982. From Locke to Saussure: Essays on the Study of Language and Intellectual History. Minneapolis: University of Minnesota Press.

ASHCRAFT, Richard (ed.). 1991. John Locke: Critical Assessments. Londres: Routledge.

_____. 1986. *Revolutionary Politics and Locke's* Two Treatises of Government. Princeton: Princeton University Press.
_____. 1987. *Locke's* Two Treatises of Government. Londres: Unwin Hyman.
_____. 1994. Locke's Political Philosophy. In: CHAPPELL (1994), p. 226-51.
ASHWORTH, E. J. 1984. Locke on Language. In: CHAPPELL (1998), p. 175-98.
ATHERTON, Margaret. 1983. Locke and the Issue over Innateness. In: CHAPPELL (1998), p. 48-59.
AYERS, Michael. 1994. The Foundations of Knowledge and the Logic of Substance: The Structure of Locke's General Philosophy. In: CHAPPELL (1998), p. 24-47.
_____. 1991. *Locke: Epistemology and Ontology*. Londres, Nova Iorque: Routledge, 2 vol.
BENNETT, Jonathan. 1971. *Locke, Berkeley, Hume*: Central Themes. Oxford: Oxford University Press.
_____. 1994. Locke's Philosophy of Mind. In: CHAPPELL (1994a), p. 89-114.
_____. 1998. Substratum. In: CHAPPELL (1998), p. 129-48.
CHAPPELL, Vere (ed.). 1994a. *The Cambridge Companion to Locke*. Cambridge: Cambridge University Press.
_____. 1994b. Locke's Theory of Ideas. In: CHAPPELL (1994a), p. 26-55.
_____. 1998. *Locke*. Oxford: Oxford University Press.
CLARK, J. C. D. 1985. *English Society 1688-1832*. Cambridge: Cambridge University Press.
DUNN, John. 1969. *The Political Thought of John Locke*. Cambridge: Cambridge University Press.
_____. 1984. *Locke*. Oxford: Oxford University Press.
GRANT, Ruth W. 1987. *John Locke's Liberalism*. Chicago: Chicago University Press.
GRICE, Paul. 1941. Personal Identity, *Mind* (50), p. 330-5.
GUYER, Paul. 1994. Locke's Philosophy of Language. In: CHAPPELL (1994a), p. 115-46.
HARRIS, Ian. 1994. *The Mind of John Locke*. Cambridge: Cambridge University Press.
HORTON, John; MENDUS, Susan (ed.). 1991. *John Locke. A Letter Concerning Toleration in Focus*. Londres: Routledge.

JOLLEY, Nicholas. 1999. *Locke*: His Philosophical Thought. Oxford: Oxford University Press.
LESSAY, Franck. 1998. *Le Débat Locke-Filmer*. Paris: PUF.
MACKIE, J. L. 1976. *Problems from Locke*. Oxford: Oxford University Press.
_____. 1985. Locke and Representative Perception. In: CHAPPELL (1998), p. 60-8.
MARSHALL, John. 1992. John Locke and Latitudinarianism. In: KROLL, Richard; ASHCRAFT, Richard; ZAGORIN, Perez (ed.), *Philosophy, Science, and Religion in England 1640-1700*. Cambridge: Cambridge University Press, p. 253-82.
MCCANN, Edwin. 1985. Lockean Mechanism. In: CHAPPELL (1998), p. 242-60.
_____. 1994. Locke's Philosophy of Body. In: CHAPPELL (1994a), p. 56-88.
MCNALLY, David. 1988. *Political Economy and the Rise of Capitalism*. Berkeley: University of California Press.
MICHAUD, Yves. 1998 (reed.). *Locke*. Paris: PUF.
PARMENTIER, Marc. 1999. *Introduction à l'Essai sur l'entendement humain de Locke*. Paris: PUF.
ROGERS, G. A. J. 1992. Locke and the Latitude-Men: Ignorance as a Ground of Toleration. In: KROLL, Richard; ASHCRAFT, Richard; ZAGORIN, Perez (ed.). *Philosophy, Science, and Religion in England 1640-1700*. Cambridge: Cambridge University Press, p. 230-52.
SIMMONS, A. John. 1992. *The Lockean Theory of Rights*. Princeton: Princeton University Press.
SKINNER, Quentin. 1978. *The Foundation of Modern Political Thought*. 2 vol., Cambridge: Cambridge University Press. [Ed. bras.: *As fundações do pensamento político moderno*. São Paulo: Companhia das Letras, 1996.]
THOMPSON, Martyn P. 1976. The Reception of Locke's Two Treatises of Government. 1690-1705, *Political Studies*, vol. 24 , n. 2 , p. 184-91.
TULLY, James. 1979. *A Discourse on Property: Locke in the Natural Law Tradition*. Cambridge: Cambridge University Press.
_____. 1993. *An Approach to Political Philosophy*: Locke in Contexts. Cambridge: Cambridge University Press.

VOLTAIRE. 1734. "Lettres sur M. Locke".
____. Locke. In: *Dictionnaire philosophique*.
____. *Correspondance choisie*, seleção, apresentação e notas de J. Hellegouarc'h. (Le Livre de Poche.)
YOLTON, John W. 1968. *John Locke and the Way of Ideas*. Oxford: Oxford University Press.
WOOD, Neal. 1984. *John Locke and Agrarian Capitalism*. Berkeley: University of California Press.
WOOLHOUSE, Roger. 1994. Locke's Theory of Knowledge. In: CHAPPELL (1994a), p. 146-71.

ESTE LIVRO FOI COMPOSTO EM SABON
CORPO 10,7 POR 13,5 E IMPRESSO SOBRE
PAPEL OFF-SET 90 g/m² NAS OFICINAS DA
BARTIRA GRÁFICA, SÃO BERNARDO DO
CAMPO-SP, EM MARÇO DE 2005